# 설익은 낭만의 세 조각

- 유대협 이채윤 김서연 지음 -

# 설익은 낭만의 세 조각

- 유대협 이채윤 김서연 지음 -

"설익은 낭만 속에 담긴 10대 청소년이
세상에 전하고 싶은 진심 어린 이야기"

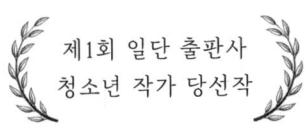

제1회 일단 출판사
청소년 작가 당선작

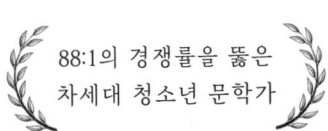

88:1의 경쟁률을 뚫은
차세대 청소년 문학가

유대협

문장의 의미를 깨닫지 못한 분들은,
문장이 어떤 의미를 가지고 있을지에
대해 고민하며 마음을 쌓으려 합니다.

그렇게 조금씩 문장을
해석할 수 있는 생각이 쌓이다 보면,
생각하는 폭이 넓어지겠죠.
저는 그러길 바랍니다.

Instagram @_xyuvn

『청춘은 늘 여름 곁에
머무르고 있습니다』

| | |
|---|---|
| 바다의 모서리가 나의 마음이었다 | 12 |
| 여름은 그렇듯 | 13 |
| 우리는 영원을 증오했다 | 14 |
| 우연히 머무른 저편에선 | 16 |
| 오로지 | 18 |
| 가파른 언덕 위에 | 20 |
| 다시 여름을 마주하게 된다면 | 22 |
| 웅덩이를 밟으면 숲이 시끄러워진다 | 24 |
| 바다의 내면 | 26 |
| 식어버린 여름 | 27 |
| 사랑과 영원 너머로 | 29 |
| 아직은 마주할 수 없는 나의 여름 | 31 |
| 나의 더위, 너의 여름 | 33 |
| 초여름 너머 늦여름 | 35 |
| 여름 곁에 사랑 | 36 |
| 여름청춘 겨울낭만 | 37 |
| 우리에게 시는 | 39 |

| | |
|---|---|
| 이곳에는 빛이 내려온다 | 40 |
| 여름의 미학 | 42 |
| 아직은 서툴러서 | 44 |
| 내가 가진 언어로는 | 45 |
| 소설 속의 문장들 | 47 |
| 가장 빛나는 순간이 되어 | 48 |
| 어느 바깥의 여름 | 49 |
| 왜냐하면 여름은 아직 어두워서 | 51 |
| 하나의 상처는 그렇게 두 명을 | 52 |
| 부르면 다가오지 않는 사랑 | 53 |
| 기억의 끝에 머물고 | 54 |
| 여름을 바다에 두었더니 흘러갔다 | 55 |
| 너의 더위가 나에겐 여름이 되고 | 57 |
| 그대가 나의 첫눈이란 걸 | 59 |
| 문득 들려온 맥박은 바다를 닮았다 | 61 |
| 우리는 결국 엇갈린 여름을 사랑했어 | 63 |
| 불꽃놀이 | 65 |
| 이토록 그리워할 적에 | 67 |
| 거울 속의 겨울 | 69 |
| 어느 그늘 아래에서 | 71 |

다정이라는 이름 아래에서
오래도록 청춘 곁을 머물고 있는
당신을 위한 하나의 위로가 되기를.

# 바다의 모서리가 나의 마음이었다


바다 앞에서 마음껏 울어보기로 했다
주름진 모래들을 손바닥으로
아주 부드럽게 천천히 펼쳐보니
누군가가 남긴 마음이 적혀있었다

조각난 빛들이 윤슬로 가득 모여
당장은 마주칠 수 없는 바다의 내음 속으로
아주 가득히, 영원으로 빠져들었다

나는 넓은 바다의 모서리를 찾기 위해
바다의 가장자리에서부터 유영을 시작해 보려 한다

파도가 이끄는 몇 줄기에 따라서
물을 머금은 모래를 꽉 쥐어
윤슬이 더욱 빛날 수 있게 해본다

조금씩 빛나기 시작하는 바다
그 아래는 조금씩 어두워진다

## 여름은 그렇듯


작은 잎들이 모여 속삭이는 마음 한 편
온 세상이 가득해지는 여름 속에서
부스럭대며 바람과 움직인다

언덕 너머로 조금씩 보이기 시작하는 초록은
여름을 삼키기 위한 세상의 마음
아득한 밤이 찾아와도 무척 따뜻할 시기

내가 겨울밤에 느끼기 시작했던 아픔은
이듬해 여름이 다가온다는 작은 질투
마침내 봄이 다가오기 시작하면
나른해지는 오후가 우리를 반기기 시작한다

여름은 늘 그렇듯 초록을 거머쥐어
다시금 청춘을 떠오르게 한다

숲을 빠져나간다면 그것은 여름이 아니겠지

# 우리는 영원을 증오했다


아득한 밤 속에서 유영을 즐기다
문득 스치듯이 지나가는 향기에
고개를 들어 올려 숨을 내쉬었다

그토록 바라던 바다가
이토록 그리던 바다가
새벽을 즐기다 못해 암흑을 삼킨
잔잔하다가 조용해진 마음을 발견했다

어느 날 누군가가 나에게 말했다

파도가 움직이는 건 바다가 우는 거라고
바다가 움직이는 건 파도가 웃는 거라고
서로는 같았지만 다른 의미를 가지고 있었다
다른 의미를 지녔다 하더라도 서로는 영원했다

내가 눈물을 흘리는 건 네가 떠나서라고
네가 눈물을 흘리는 건 내가 곁에 있어서라고
우리는 서로에서부터 달랐고
의미조차 비슷할 수가 없었다

우리는 영원을 증오했고 아픔을 사랑했다

우리가 같은 눈물을 흘려도
그 눈물의 무게는 전혀 달랐다
나는 조금 더 무거운 눈물을 흘려보기로 한다

# 우연히 머무른 저편에선


문득 빛을 삼키지 않는 거울을 발견했다

윤슬을 비슷하게 닮은 빛의 테두리가
거울을 집어삼키지 못해 스며들 때
비스듬히 거울의 저편에서 여름을 발견했다

아침이 밝지도 않았던 이른 새벽에
저편에서 머무르고 있는 여름을 향해
온갖 걱정을 다 버려둔 채 유영을 하기로 했다

내게 익숙했던 틀에서 벗어나
그렇게 저편 너머에 있는 여름을 향해 걸어보니
내가 그토록 바랐던 나의 모습을 발견했다

푸석푸석한 풀을 밟으며 숲을 지날 때
멀리서 지나가고 있는 나비를 발견했다
나비의 날개에선 다른 빛이 새어 나오고 있었다
여기는 온통 여름을 위한 시선인 것 같다

오로지 내게만 허락된 이 공간 속에서
허락되지 않은 눈물을 흘려보기로 했다
바람이 심하게 불어오기 시작해도
초록이 머무르는 여름 속에서 겨울이 찾아온다 해도
나는 흘러오는 눈물을 삼킬 수가 없었다

내게 허락되는 공간은 존재했지만
내게 허락되는 시간은 존재하지 않았다

저편에서 머무르고 있는 여름을
꿈속에서 보았다고 하고 싶었지만 여전히 진부했다
꿈에서밖에 볼 수 없다는 말은 진부하지 않았다

저편 속에서 바라는 마음을 가득 묻어
오늘은 진부하지 않게끔 행동해 보려 한다.

## 오로지

눈송이가 내려도 차가워지지 않는
이 넓은 숲길을 따라 걸어보며
멋쩍은 미소를 짓는 당신이 그토록 아름다웠습니다

다신 뒤를 돌아보지 말자던 당신이
버티다가 무너지다가도
세월이 묻은 바지를 훌훌 털어버리고
숲이 나올지 바다가 나올지
당장 바라볼 앞에 어떤 마음이 나올지
예상조차 할 수 없는 건 당신이었습니다

숲이 나온다면 풀잎을 뜯어
바닥을 향해 내리쬐는 햇빛을 가리며
걸을 때마다 잘그락대는 숲의 마음을 바라보며
이곳에서 숨을 쉴 수 있는 건 당신뿐입니다

당장 다가오는 먼지를 맞아야 하는 건 당신뿐이지만
먼지를 훌훌 털어버릴 수 있는 것도 당신뿐입니다

걸음을 멈출 수 있는 것도
걸음을 다시 옮길 수 있는 것도

오로지
당신만이 할 수 있는 일입니다

# 가파른 언덕 위에

가파른 언덕 위에서 첫눈을 맞이했습니다
마지막으로 흐르는 눈물을 닦지 못한 채
첫눈이 내려오는 하늘을 바라봤습니다

고운 그 꽃송이가 내 눈물과 만나는 순간
아슬히 고개를 다시 내밀어 숨을 내뱉고
눈송이가 쌓이지 않은 꽃송이를 꺾어
품에 가득히 안은 채 겨울의 마음을 맞이했습니다

그 꽃은 눈을 피해 따스한 품에 안겨
꿋꿋이 곧게 세운 고개를, 그 허리를
추운 바람을 피한 덕분에 서서히 내리기 시작했습니다

그대가 곁에 와주기 전까지
그대를 사랑한 만큼
저는 겨울을 피한 꽃에게 봄을 선물하겠습니다

봄이 다가오기 전에
저의 손을 잡아 이 꽃이
다시금 고개를 올릴 수 있게 해주세요

저는 여전히 언덕 위에 머물러 있습니다

## 다시 여름을 마주하게 된다면


창가에 스미는 서리 너머엔
나를 부르는 겨울이 있었다
풍경을 바라보기엔 이른 새벽이었다

어제 빛줄기가 가득했던 한강이
오늘은 도시의 빛을 머금지 못했다
잔잔하지 못해 윤슬이 일렁였던 한강 위는
마지막으로 바라본 너의 눈빛처럼
무척이나 차가웠던 탓에 금방 얼어버렸다

더 이상 도시의 별을 마주하지 못해
깊은 곳으로 향해야 할 그 별빛들은
결국 내 곁에서 방황하고 말았다

다시금 여름을 마주하게 된다면
네가 사랑하는 윤슬도
내가 사랑하는 너의 눈빛도
예전처럼 다시 마주할 수 있겠지

# 웅덩이를 밟으면 숲이 시끄러워지고


어스름한 저녁에 불어오는 바람이 한쪽으로 기울었다

파도가 일렁이듯이 바람도 곧장 모습을 따라 했고
그 끝에서 춤을 추는 바람개비가 어제의 내 웃음이었다
우리의 젊음을 뜻하는 자음과
그 너머에서 사랑을 뜻하는 모음
우리는 한층 더 성장해버린 여름을 마주하고 말았다

사방이 물웅덩이로 가득 찬 조용한 숲에서
웅덩이를 밟으면 숲이 시끄러워진다는 걸 깨달았다
자갈을 밟자니 숲이 간지러울 테니

풀잎보단 나뭇가지의 소리가 더욱 짧다

작은 눈물이 흘러 턱에 닿으면
먼저 기다리고 있던 땀방울과 함께 고여
외로이 피었던 꽃에게 다가간다
어렴풋이 꽃송이가 피어오르는 소리가 들려온다

건조대에서 꺼낸 이불의 포근함일까
펼쳐져 있는 책의 페이지를 넘기는 소리일까

여름을 지나칠 것 같으니까
어서 봄을 향해 달려가자

# 바다의 내면

일렁이는 파도를 바라보며
저 너머에는 무엇이 존재할지 생각해 본다
어두울 만큼 깊은 바다 아래에선
숨을 쉬는 자가 많을까 숨을 멎은 자가 많을까

겁이 없어진 내가 바다를 향해 다가가면
그제야 주변에서 머물고 있는 모든 게 겁을 먹는다

도무지 알 수 없는 내 얼굴과 달리
목적이 가득해 바빠진 내 발걸음

바다야, 나는 더 이상 죽는 게 두렵지 않아

나를 들어줘
품고 있다가 나아지면 뱉어줘
높은 곳을 무서워할 만큼 나를 이끌어줘

# 식어버린 여름


파도 위를 뛰어다닐 때 첨벙거리는 소리가 들려오면
지난밤 꾸었던 꿈속에서 솟아나는
잊을 수 없는 나의 여름이 떠오른다

사람은 언제든지 다가오지만
사랑은 언제든지 떠나만 간다
사랑의 정의가 너라는 말은
조용했던 입에 머무를 때부터 시작되었다

나의 여름은 진작에 떠나갔다
잃어버린 풀잎을 찾았을 땐
눅눅했던 그 마음이 이제는 축축해졌다
가을인 줄 알았지만 그저 메마른 뒤였다

나뭇가지에 피어오르는 꽃을 본 적이 있나요
아직은 내가 알아차리지 못했지만
그토록 내가 찾던 사랑이었고 여름이었습니다

당신이 너무나도 그리운데
절대로 다시는 찾아갈 수 없는
내 시선이었고 내 손길이었습니다

식어버린 더위만이 가득한 계절이라면
내가 당신의 여름이 되어주겠습니다

# 사랑과 영원 너머로


반대편 너머에는 영원이 있을까
너머로 가다 보면 곧장 사랑을 알 수 있을까

외롭게 피어난 꽃은
지금껏 마주했던 겨울보다
더욱 차가운 색을 가지고 있었다
그 마음은 사랑을 알기에는 아직 일렀다

영원을 사랑한다면
우리는 조금 더 짙어질 수 있을 테고
사랑이 영원하다면
너를 오래도록 바라볼 수 있을 것이다

고요하게 비가 내려도
잔잔하게 눈이 내려도
조용하게 빛이 내려도

나와 맺은 모든 추억들은
어느 여름날 낮잠을 자고 일어난 듯이
모든 게 저편으로 사라져 울겠지

# 아직은 마주할 수 없는 나의 여름

어두운 밤에도 색이 뚜렷했던
그 초록 나무도 결국에는 어두워진다
흐릿해지는 마음은 잎일까
조용한 그림자일까

아직은 마주할 수 없는 나의 여름이지만
영원을 간직하여 다시금 피어오를 수 있도록
지나간 시간을 붙잡으며 사랑을 고이 담아본다

언젠가는 이 영원 속에서 사라진다 해도
너와 함께하는 모든 순간들을 간직하여
어렴풋이 들려오는 바람 소리를 향해 달려가 본다

파도가 외롭지 않게 머무르고 있는 건
바다가 미워하고, 바다를 미워해서였고
미워할지라도 아직 곁에 머무르고 있는 건

끝으로 다가갈지라도 영원을 믿으며
여전히 사랑해서였다고
나는 여전히 낭만적인 시선으로 바라본다

# 나의 더위, 너의 여름


눈을 감으면 바다가 존재하지만
눈을 다시 뜨면 여름만이 존재한다
나와 모든 시선은 온통 여름투성이였다

방 안에서 깨진 꽃병에선 알 수 없는 비명과
우리가 처음으로 마주 본 계절의 온기가 가득했다
꽃의 향기가 창밖으로 나가기엔 시간이 필요했다
아무리 커튼을 열고 창문을 닫아도
나의 여름은 여전히 방안에 머물고 있었다

더위가 가기 전 여름을 즐겨달라는 외침에
나는 방안에 머물고 있는 여름을 미워했다
사실 나는 단 한 번도 여름을 즐겨본 적이 없다

알 수 없는 눈물을 흘리는 유리컵과
조용하게 녹아내리는 얼음들
나는 오늘도 소매를 걷으며 여름을 버티고 있다

어쩌면 여름은
나를 미워할지도 모른다는
그런 유치한 생각을 하곤 한다

# 초여름 너머 늦여름

커튼 사이로 들어오는 햇빛은
어느새 책상 위에 놓인 유리조각을 머금고
내가 아직 바라보지 못했던
조각 너머에 있는 여름을 통해 사랑을 표현한다

바닷속에서 방황하는 그 꽃송이는
남겨진 하루를 채우기 위해
잃어버린 꽃잎을 찾으려 더 깊은 곳으로 내려갔다

어제 꿈에서 보았던 갈대밭이
오늘은 잔디밭이 되었고
그토록 찾던, 나의 잃어버린 여름을 표현했다

이불을 어루만지는 소리와도 같은 내 여름에선
더 이상 초여름의 더위를 찾아볼 수 없게 되었다

초여름에서 늦여름으로
내 여름은 그렇게 조금씩 움직이기 시작했다

# 여름 곁에 사랑

코끝이 찡하듯이 추운 겨울밤
창가 너머로 불어오는 바람 소리 사이에서
귓가로 고스란히 들려오는 너의 목소리를 들었다

다시금 여름이 찾아온다는 소식에
깊어지는 새벽마다 차를 끓이며
떠나가는 겨울을 위해 나만의 배웅을 했다

내 사계절은 온통 여름이길 바랐다
내 사랑의 끝도, 내 여름의 정의도 온통 너이기에
나는 오늘도 너를 위한 행복을 빌었다

내 모든 순간은 여름이었고
내 모든 사랑은 너뿐이었다

# 여름청춘 겨울낭만


나에겐 푸름이 가득 차있는
절대 잊을 수 없는
여름날을 책임지는 하나의 청춘이 존재한다
청춘은 왜 여름날을 책임지고
여름은 왜 청춘 곁에 머무르고 있을까

하늘은 조금씩 해를 가리기 시작했고
잠시 나의 청춘 또한 사라지기 시작했다

하늘에서는 눈이 내리기 시작했고
차가운 손 위로 올라오더니 금세 녹아내렸다
이게 우리가 함께 마주 보고 외친 낭만이구나

나의 여름에선 청춘이 머물고
너의 겨울에선 낭만이 머문다

작년에 마주쳤던
나의 여름 속 청춘과
올해에 마주치는
너의 겨울 속 낭만을

여름의 청춘
그리고 겨울의 낭만이라고
아름답게 표현해 보려 한다

## 우리에게 시는

시를 읽는다는 건 삶을 읽는다는 것이며
표현하고자 하는 마음이 모두 시에 담긴다

우리는 살면서 많은 마음가짐을 얻기도 하며
때로는 그 가짐을 뱉어내기도 한다
사랑을 시로 표현하기엔 아직은 서툴지만

시는 어렵고 이해할 수 없다는 그 말은
아직 원하고자 하는 삶을 얻어내지 못한 하나의 마음
문장을 써 내려가며 하나의 글을 쓰고
비로소 그 문장이 시가 된다면
이토록 찾아 헤맸던 우리의 이야기가 시작된다

마침내 페이지를 넘길 수 있게 되었다면
그토록 찾아 헤맸던 행복이
페이지와 그 문장 너머에 닿게 된다

# 이곳에는 빛이 내려온다

빛이 잠시 머물다가 흩어지는 오래된 방에는
그 어떠한 것도 존재하지 않아도
독특하고 아찔한 아름다움이 존재합니다

문이 열리지 않아도
끈적한 발걸음이 닿지 않아도
우리의 시간이 묶여있는 어두운 방은
서로가 바라볼 수 없는 뒷모습이었습니다

녹슬어버린 창문을 힘겹게 열어보니
순간적으로 비명과도 같은 소리가 들려오더니
여름날 내려오는 빛이
방에 있던 모든 순간들을 보여주기 시작했습니다

커튼에는 저마다의 먼지가 가득 묻었고
털어내려 할수록 호흡이 어려워집니다

빛이 새어 들어가는 그 방에는
여전히 아름다운 추억이 가득했습니다

이곳은
빛이 내려오는 곳입니다

# 여름의 미학


창밖에서 긴 호흡을 내쉴 때마다
코끝에서 조금씩 느껴지는 열기
슬슬 여름이 다가오고 있었다

지금껏 작년 여름날 찍은 사진을 바라봐도
여름날의 향기가 느껴지지 않았는데
가장 좋아했던 향수를 오랜만에 뿌려보니
잊지 못한 작년 여름이 떠올랐다

어쩌면 추억이라는 긴
기억 속에서 나타나는 게 아닌
향기 속에서 나타나는 게 아닐지 싶었다

코끝이 찡하던 겨울이었음에도
항상 여름만을 바라보던 소녀는
조금씩 느껴지는 열기와 미세하게 들리는 매미소리에
희미한 미소를 띠다 결국 눈물을 흘렸다

여름만을 바라보던 소녀는
여름을 기다렸던 게 아니라
여름을 항상 그리워하였다

# 아직은 서툴러서

급히 뒤돌아버린 추억이
다시 돌아오기만을 바라고 있는 걸까

돌고 돌아 다시 찾아온 기억이
애써 다시 떠나가길 바라고 있는 걸까

빨갛게 익은 딸기가 더위를 이기지 못해
버티는 힘조차 상실한 채 여름 속으로 빠져들었다

니에게 남은 건 딸기가 아닌 그 흔적의 얼룩이었고
나는 그렇게 떠나가려는 모습을 바라볼 뿐이었다

나에겐 더위가 서툴러서
나에겐 청춘이 어색해서
결국엔 완성되지 않아서
희미한 여름을 마주하며
잔잔한 유영을 즐기기로
순수한 마음을 담아냈다

# 내가 가진 언어로는

내가 가진 언어로는 너를 표현할 수 없었다
8월의 여름밤, 조용해진 매미들로 인해
나의 심장은 더욱 아찔한 소리를 내기 시작했다

여름엔 더위를 빌려 너와 함께 부채질을 했고
겨울엔 추위를 빌려 너에게 나의 온기를 건넸다

누군가는 이토록 어두운 밤에 이별을 적으며
더 이상 다음 내용이 나오지 않는 문장으로 끝낸다

나에겐 이토록 어두운 밤이
유일하게 표정을 숨길 수 있는 순간이었고
너라는 사랑을 떠올리면 떠올릴수록
나의 미래는 더욱 밝아지며
나의 눈빛의 온기는 더욱 따뜻해진다

오로지 내게만 허락된 이 새벽과 공간 속에서
나는 허락되지 않은 너의 이름을 외쳐본다

늘 항상 진부하지 못했던 표현에
나의 일기장엔 항상
아쉬움이 가득한 눈물만이 존재했다

딸기를 깨물며 맛있다는 너의 말투에
다급하고 여유롭지 못한 말투로
심장이 아찔하게 떨기도 전에 외쳐버렸다

이토록 자신감이 넘치는 내가 아닌데

좋아해.

## 소설 속의 문장들

찢어진 추억 사이에 남겨진 우리와
남겨진 우리 사이에 놓인 아픔들
굳어진 마음은 어쩌다 바스러진 걸까

선명히 들려오는 소리는 음악이 되었고
표현하지 않은 탓에 존재하지 않았던 그 이야기
잔잔한 멜로디를 채울 수 있는 건 오로지 우리였다

나의 소설이 될 수 있었던 그 문장들은
구분 지을 수 없는 내용만으로 흘러갔다

사람과 사랑, 그 사이에서
오묘한 감정이 흘러 곁을 머물더니
이제는 남길 수 없는 추억이 흘러간다

# 가장 빛나는 순간이 되어

나무 밑에서 일렁이는 나뭇잎은 조용할 줄 모른다

나뭇가지 곁에서 머무는 이들은
그 자리를 지키고 있는 흙을 두려워한다
내려갈 준비를 해도 아직은 어색한 탓에
넓은 곳을 뒤로하고, 더 넓은 곳을 바라본다

불어오는 바람이 따뜻한 건 봄이 오고 있어서
아름다운 들판이 잘 보이는 건 그곳으로 향하고 싶어서

여름이 다가오기 전에 머물러야 할 곳은
봄인데도 불구하고 겨울을 더욱 사랑한다

가장 어두웠던 곳이, 가장 빛나는 곳이 되며
어릴 적 품었던 꿈이
마침내 나의 소개말이 되었다

## 어느 바깥의 여름

숲을 잃어버린 탓에 여행을 떠나기로 했다

귓가를 맴도는 나비들은 목적지가 어디일까
목적이 없던 탓에 나에겐 그 한 그루의 나무도
내가 도달할 수 있는 하나의 목적이 되었다

주머니 속에 남겨진 하나의 이름표
여전히 찾지 못해 아직도 꿈속에 나온다
풀잎을 밟으면, 나뭇잎을 밟으면
내가 찾던 여름날의 추억이 떠오를까

한 그루의 나무는 나의 그늘막이 되어주었고
여름을 사랑하자니 너무 뜨거웠고
더위를 피하자니 너무 따뜻했다

예기치 않게 비가 내려서
흘러내리는 빗방울이
나에게는 너무나 흐렸다

달갑지 않아 흘러내리는 눈물을
유일하게 가릴 수 있던

어느 바깥의 여름

# 왜냐하면 여름은 아직 어두워서

눈부신 아침을 마주할 때 들려오는 속삭임
밤마다 눈물을 흘려도 기억이 나지 않는 아침
떠오르지 않던 작년의 여름이 나에게 다가왔다

잊지 못하는 순간은 나의 시선 앞에 있고
잊어야 할 순간들은 어제의 서랍 속에 있다
마주 보게 되는 내일은 어디에 있어야 할까

너는 나의 더위를 알아차렸지만
나는 너의 여름을 알아차리지 못했다
여름의 끝자락에선 누구도 알 수 없는
흐릿한 눈을 깜빡이고 있는 신호등

왜냐하면
우리의 여름은 아직 어두워서
걸을 때마다 들려오는 잘그락대는 소리가
풀잎일지, 자갈일지 알 수 없으니까
정말 이게 여름일까, 정말 이게 더위일까

# 하나의 상처는 그렇게 두 명을



알 수 없는 누군가가 나를 등진다
그 사람은 어째서 나를 알고 있을까
어젯밤에 글을 묶어 이야기를 펼친 탓일까

그럼에도 불구하고 나는 어제를 마주한다
내일의 기억은 오늘을 알 수 없고
나라는 존재를 확인할 수 없기에

나의 아픔이 오묘하게 엉키다가도
다른 고통을 품어낼 다른 나를 만든다
나는 어디서 나타난 표현일지 알 수 있도록

어디선가 조용하게 외치는 그 이름은 무엇일까
금방 나타나도 다시 사라지는 이름표에는
완벽할 수 없는 또 다른 획이 그인다

선명히 들리지 않는 이곳에는 오로지 두 명뿐일까

# 부르면 다가오지 않는 사랑

사랑을 여러 번 나누어 들판 속에 건넸다
아픔을 부르는 마음속에 새겨진 이름들
애써 감추는 상처 사이에 희미한 행복

봄이 오기 시작해서, 조금씩 멀어졌다
입춘이 시작된다고 봄일까
아니면 우리가 머물렀다고 할 수 있는 여름일까

종이가 구겨지면 목소리가 들리지 않는다
멀리서 들리는 이 소리는 이별의 한숨
먼 곳에서 바라보아도 여전히 사랑

아득한 공간은
내가 머무를 수 있는 시간이 되었고
희미하게 보이는 아우라가 나의 자리였다

당신의 아침이 되어 봄이 될 테니
당신은 저녁이 되어 여름이 되어주세요

# 기억의 끝에 머물고


유리에는 숨어있던 기억이 결국 끝으로

어우러지는 감정마다 옅어지는 조각
비틀대는 사랑과 흔들리는 애정의 깊이
묻어진 지문이 사라지면 흔적은 어디로 갈까

빛이 들지 않는 그늘이 따뜻해지기엔
온갖 열이 가득한 빛이 필요했고
멀어지는 꽃송이는 그리워했던 거짓이 가득했다

영원할 것 같았던 마음도 결국에는 묽어졌고
사라질 것 같았던 흉터는 다시 내 곁으로 다가와
눈을 지그시 감아도 아쉬운 한숨만 내뱉는다

붙잡고 있던 청춘이 고통에 몸부림치는 낭만으로
내가 조금씩 머무르고 있던 곳이 곧이 흘러간다

과연 언제까지 우리로 머무를 수 있을까

## 여름을 바다에 두었더니 흘러갔다

넓은 모래사장에 곱게 퍼져있는 모래자갈
그 위에 작은 조개껍데기
오늘도 나는 바다에 왔습니다

바람이 부는 것처럼
나무가 흔들리는 것처럼
포근한 이불에 피부를 비비는 것처럼
오늘도 파도는 신나지만 잔잔합니다

모래를 밟으니 부석부석 소리가 납니다
모래사장을 피해 돌을 밟았습니다

오늘 이토록 좋아하던 여름을
아무도 모르는 바다에 잠시 두었더니
저기 저 먼 곳을 향해 흘러갔습니다

한 달 전
실수로 바다에 빠뜨린
깨끗한 유리를 닮은 조개껍데기가
여름을 잊기 전에 다시
파도를 타고 나타났습니다

여름을 바다에 두었더니 흘러갔다고
가을이 찾아오진 않겠죠

덥지만 시원하게 우는 매미들
매미들이 매달려서 쉬고 있는
그 나무 아래에 그늘진 벤치에서
매번 바다를 그리던 노트가 떠오릅니다

이토록 좋아하던 여름이
다시 파도를 타고 나와주길 바라며
내일도 다시 바다에 와야겠어요

# 너의 더위가 나에겐 여름이 되고

여름날 바다가 알려주는 그 파도는
은빛으로 반짝이며, 윤슬을 만든다
모래사장이 너무나 뜨거운 탓에
바깥으로 떠나려고 발걸음을 옮길 때마다
여름을 떠나지 말라며 발끝을 감싼다

시원한 여름밤이 오면
밤을 비춰주는 별들이 춤을 추고
밤하늘이 알려주는 노랫소리에
눈을 꼭 감으며 바람을 맞는다

여름, 길고도 가장 뜨거운 순간에
우리의 청춘을 새기고
우리가 다시금 떠올릴 수 있는
우리만의 우정을 다시 뜨겁게 한다

너의 더위가 나에겐 여름이 되었고
너의 흩어진 더위를 찾았더니
마주 봤던 네가 다시 여름이 되었다

## 그대가 나의 첫눈이란 걸

아침에 일어나 보니 몸이 오슬오슬 떨렸다
발끝이 오므라지면서 입김이 나오기 시작했다

따뜻한 차를 끓여 입김을 후 불어넣으며
따뜻한 차의 온기가 얼굴에 닿을 때 마셨다

방을 어둡게 만들어준 암막 커튼을 열어보니
온 세상이 하얗게 물들어 있었다
누군가를 떠올릴 적인 새벽에
아무도 모르게, 아주 조용히 첫눈이 내렸다

발걸음을 옮길 때마다 나의 노력들이 아주 잘 보이고
눈물을 흘리면 차가운 바람이 금방 메마르게 한다

겨울은 늘 그렇다
온갖 행복한 기억들만 남겨준 채
이 세상에 왔을 때처럼
아무도 모르게 녹아내린다

겨울이 끝나갈 무렵, 저는 느꼈습니다
겨울에 나타나놓고 겨울에 떠나간 그대가
알고 보니 나의 첫눈이었단 것을

# 문득 들려온 맥박은 바다를 닮았다

한없이 흩어지는 윤슬에서
작년에 잃어버린 눈물을 발견해
내년에는 눈물로 윤슬로 만들자던 너

붉은 적막과 함께 깊게 파고들어간
내 손목에서 들려오는 맥박의 울림
상처는 흉터로 짙어져
어루만질 때마다 느껴지는 울퉁불퉁한 촉감

여름과 여름 틈에서
조금씩 불어오는 파도
그 속에서 느껴지는 바다의 비릿한 향
여름을 조금씩 열어보기로 했다

파도가 밀려오는 반대편을 향해
조금씩 헤엄을 치다 보면
지구를 벗어날 수도 있겠다던 순수의 미학

여름과 바다는 이미 곁을 떠났지만
가을과 단풍은 여전히 우리를 사랑한다

어두운 모래가 출렁이기 시작하면
새벽이 우리를 찾고 있는 거라고
너의 상처를 어루만질 때마다
손에 묻는 꽃가루가 나를 향하고

맥박이 멈추면 바다가 요동치는 거라고
나한테 울면서 말했던 나의 마지막 미학
여전히 내 곁에 머무르길 바란다

현아
그때 내 손을 쓰다듬으며
우리 서로 웃는 그날까지 함께 하자고
내 맥박의 끝을 다시 이어줘서 고마워

## 우리는 결국 엇갈린 여름을 사랑했어


갈대밭이 시원하게 흔들리는 해 질 녘, 노을의 빛을 받아 더욱 짙어지는 갈대들은 뭐가 그렇게 신났을까. 이리저리 고개를 흔들며 조용한 동네를 활기차게 채워주고 있었다. 장마가 내리면 오묘한 공기에 고개를 내려 축축한 흙을 바라볼 것 같아 항상 일기예보를 확인하며 장마가 내리지 않기를 바란다.

어젯밤, 입가에 묻혀가며 먹었던 수박은 오늘의 여름을 더욱 선명하게 만들었다. 복숭아가 붉어지면 그 여름은 더욱 뜨거워질까. 나는 여전히 여름을 사랑하는 수박을 가득 삼킨다. 내 여름을 사랑하는 J는 겨울을 향해 손을 뻗다 얼어붙은 한강을 바라보더니 그렇게 발자국을 새겼다.

장마가 오는 걸 사랑하던 J는 어떻게든 가을로 흘러가길 바라는 마음이었다. 색채가 뚜렷했던 동네를 바라보곤 비가 내렸으면 좋겠다는 말을 여름이 떠나기까지 항상 옆에서 중얼거렸다.

그럴 때마다 나는 복숭아를 베어 물고 있었고, 한 입 베어먹은 복숭아를 바라보며 이렇게 우리의 여름이 사라지고 있는 걸까 망설였다. 우리의 마음은 서로 엇갈린 상태였다. 나는 푹푹 찌는 여름을 사랑했고 더 이상 나를 사랑하지 않는 J는 습한 공기가 결국 여름을 이기지 못해 이슬이 맺히는 순간을 사랑하고 말았다.

그 순간은 여름이 아니었다. 그렇기에 나 또한 아니었다.

# 불꽃놀이

내 눈을 밝게 비춰줄
사람들의 마음을 밝게 비춰줄
그 아름다운 불꽃이 하늘로 향하더니
온통 어둡고 달빛만이 가득했던 한강 위로
우리들의 이야기가 터졌다

빛 한줄기가 모든 사람들의 눈빛으로
빛 한줄기가 모든 사람들의 마음으로

폭죽은 여전히 우리에게 위로를 건넨다던 지인의 말에

폭죽이 하늘에서 터지는 것은 당연하지
우리에게 위로가 건네지는 것은 당연한 게 아니라고
나는 그렇게 얘기했다

사랑은 마치 폭죽과도 같다는 지인의 말에

나는 사방으로 퍼지는 폭죽이
눈에서 완전히 사라지기 전에 생각했다
사랑이 이렇게 터지는 걸까
사랑도 이렇게 터지는 걸까

좋은 의미를 가지고 있을지
좋지 않은 의미를 가지고 있을지

그때 나는 깨달았다

폭죽은 많은 사람들 앞에서 터지면서
좋지 않은 의미를 가진 적이
단 한 번도 없었다는 것을

사랑이 내 앞으로 다가왔을 적에도
좋지 않은 의미를 가진 적이
단 한 번도 없었다는 것을

# 이토록 그리워할 적에

피어나는 꽃을 바라보며 웃음을 짓고
햇살이 따뜻하다며 고운 손으로 빛을 가리곤
눈을 찌푸리면서 입가에 미소를 올리는 그대

봄이 사라진다 해도 아직 여름이 있다고
가을이 사라진다 해도 아직 겨울이 있다고

꽃잎이 떨어진다면 꽃 줄기를 찾아보라며
내 삶의 갈피를 보여주던 그대가
저녁밥을 먹지 않은 채 문을 열곤 도어록을 닫았다

도어록은 그대가 떠났다는 걸 알리기 위해
조용하던 집안을 외침으로 가득 채웠다
때문에, 저녁밥을 먹고 있던 나도
도어록처럼 소리를 내며 울었다

햇살이 눈부셔도 쉽게 눈을 찌푸릴 수가 없게 되었고
웃음소리가 울려 퍼지던 기차역이 조용해졌다

조금씩 달라질 수 있다는 믿음조차 상실하게 되었고
그대가 마지막으로 곁에서 웃었던 공원 벤치에서
이제는 그대에게 보이지 않았던 눈물을
이곳에서 흘렸다

겨울이 찾아온다
나에겐 더 이상 겨울이 존재하지 않으니
홀로 겨울을 찾으러 떠나야겠다

이토록 그리워할 적에

# 거울 속의 겨울

이 거울 속에선 모든 걸 애타게 그리워한다
거울 너머에선 겨울이 나를 기다리고 있었다
거울은 내 얼굴을 보여주었지만
선명하지 못하고 흐릿한 모습이었다

이토록 선명히 살아가지 않았나 보다

불어오는 바람은 선명하지 않았던 내가
더욱더 건조해질 수 있게 쓸쓸한 바람을 건네었다

손을 비빌 때마다 종이를 비비는 소리가 들렸고
입술을 움직일 때마다
빨갛게 익은 사과를 흐르는 물에 헹굴 때
조금씩 들려오는 소리가 나에게도 들려오기 시작했다

나를 조금씩 선명하게 해주고 있었다

거울 밖으로 나가면 여름일까
거울 안으로 깊게 들어가도 여름일까
나를 조금 더 선명히 바라보고 싶을 뿐이다

## 어느 그늘 아래에서


어느 그늘진 나무 아래 벤치에서
다리를 쭉 펴고 미소를 지으며
오랫동안 지내온 나의 동네를 바라보았다

바람이 불어오며 춤을 추는 나무들
목표를 향하여 급하게 움직이는 낙엽들

모래를 만지며 웃음을 짓는 아이들
모래처럼 바람에 이끌리지 않도록
곁을 지키며 수다를 떠는 부모들
한 손으로 자전거를 타는 학생들

그때 알았다
지나가고 흘러가는 계절들과 시간처럼
영원한 건 존재하지 않는다고
지금도 여전히 흘러가고 있다고

나도 저 아이들처럼 모래를 밟으며 놀던 시절이 있었고
여유롭게, 또는 걸어가는 사람들처럼,
한 손으로 자전거를 타는 학생들처럼.

그런 시절이 나에게도 있었다는 것을

하지만 이제는

어느새 시간이 흘러
이제는 내가 모래를 밟으며
보조개와 웃음을 짓는 아이가 아닌

행복하게 웃는 아이들의 곁을 지키며
남은 인생을 오로지 나의 유일한 전부를 위해
끝까지 노력하며 헌신하는 부모가 되어야 하는
나의 또 다른 행복의 시간이 찾아오게 되었다

불확실한 추상을 글로써 시각화하고자 하는 청소년 작가 이채윤입니다. 감정처럼 보이지 않는 것들을 문학적으로 변주하여, 보다 분명하게 공명할 수 있도록 묘사하는 작가. 뒤돌아서면 금세 잊히는 글이 아니라, 절절한 여운이 남아 머릿속을 오래 유영하는 글을 쓰는 작가가 되는 것이 저의 이상이자 꿈입니다. 저의 염원이 결실을 맺을 그날을 좇으며, 저는 오늘도 무형을 빚어냅니다.

Instagram : @lcx824_

# 『구겨진 무형을 펼치자』

| | |
|---|---|
| 저마다의 오늘은 | 78 |
| 파인애플과 아버지 | 79 |
| 헛된 흔적 | 80 |
| 우리들의 무채색은 | 82 |
| 벙어리 심해어 | 84 |
| 무단 | 85 |
| 동심 실종사건 | 87 |
| 그 낡은 프린터기는 색맹입니다 | 88 |
| 못난이 단호박 | 89 |
| 버려진 우산 | 90 |
| 어둠이 사랑한 건 광명이었다 | 91 |
| 어항 밖 물고기 | 92 |
| 해를 사랑한 남자 | 94 |
| 제일 다정한 감정 | 95 |
| 향수 얽힌 식물인간 | 96 |
| 기억상실증 | 97 |
| 무관함에서 비롯된 모순 | 99 |

| | |
|---|---|
| 깡통 입마개 | 101 |
| 물질주의의 결점 | 103 |
| 돌연변이 해바라기 | 105 |
| 석고 덩어리 | 106 |
| 그 사람을 사계 내내 잊지 못하는 이유 | 107 |
| 뱀의 꽃 | 110 |
| 온도 차, 감각 차 | 111 |
| 0.9초 | 112 |
| 청각장애 연주가 | 115 |
| 심장이 없어도 | 119 |
| 점 | 122 |
| 어머니와 첼로 | 130 |
| 엄마에 비해, 엄마의 비애(悲哀) | 136 |
| 밀물 청춘 | 141 |
| 일기에 쓰지 않은 말 | 143 |
| 시든 것들에게 기약 없는 약속을 | 146 |
| 낚싯바늘 | 147 |

펼쳐진 무형이 당신의 안에서
곱게 구겨지길 바라며.

이채원

# 저마다의 오늘은

일상을 살아가는 그이의 오늘은
오는 것이다, 늘 그렇게.
그 사람에게 올 내일은
한결같고 또 스스럼없이 당연하다.

일상 속 죽어가는 그이의 오늘은
오고야 만 것이다, 늘 그렇게.
그 사람에게 와 버릴 내일은
낯설고 또 두려워서 격히 발버둥 친다.

당연하듯 찾아오는 매일을
누군가는 쉽게 수긍하지만,
누군가는 간절히 부정한다.

# 파인애플과 아버지

노오란 과즙이 다홍빛 입술을 타고
우리의 혀에 살포시 스며들어 자리 잡는다.

땡볕 아래, 온몸이 붉어진 채로 열기를 이겨 낸 그들은
이마에서 줄줄 흐르는 고통의 맛만 알 뿐,
그 과일의 달콤함은 한 번도 혀에 닿지 못했다.

손을 가시투성이로 만든 그 파인애플 즙은
절대,
그들의 혀에 닿을 수 없으리라.

한 집안의 가장이라 칭해지는 그들은
겉은 단단하지만 속은 파인애플처럼
부드럽고, 유순한 이들이다.

밉지만 사랑하는 자식에게 파인애플 조각을 먹이려는
우리 아버지,
오늘도 손은 퉁퉁 부어 있네.

# 헛된 흔적

네 마음을 세게 짓누르며
발자국을 남기려 한다.
누군가 또 네 가슴속에 새겨질 때면,
내 발자국을 따라
이미 지나온 나의 존재를 알리려 한다.

네 순백한 마음에
핏방울을 흘리려 한다.
누군가 또 네 정서 속에서
이리저리 방황할 때면,
내 핏방울을 보고
기겁하며 도망가게 하려 한다.

그렇게 내가 짓밟아 겨우 만든 발자국들은
너의 순정에 구멍을 내어 잔뜩 망가뜨려졌지만,
네게 사랑을 고한 그 사람의 자취가 쌓여
결국 내 발자국을 흐리더라.

그렇게 내 손목이 움푹 팰 정도로 남긴 핏방울은
너의 순애를 피 냄새로 흥건하게 적셨지만,
너의 보조개를 좋아하는 그 사람의 청수로 씻겨 내어
내 수고를 무의미하게 하더라.

내가 남긴 한심한 흔적들은,
결국 그 사람과 너를 잇는
연결 고리일 뿐이었다.

## 우리들의 무채색은

검정은 농도에 따라,
흰빛이 되기도 하고,
회빛이 되기도 하며,
깊은 어둠이 되기도 한다.

우리는 모두 다채로운 검은색이다,
하지만 그들이 말하는 그 검정이 아니다.
피부의 색깔도 아니고,
가난의 색깔도 아니며,
성별의 색깔도 아니다.

우리는 모두 다채로운 검정색이다,
내가 말하는 우리의 검정이 맞다.
가치관의 색깔이고,
꿈의 색깔이며,
감정의 색깔이다.

서로의 검정이 만나
총천연색을 이루니,
그 안에서 또 각자의 색을 갖는다.
서로의 색이 어우러져
빛나는 무채색의 오색찬란한 우리들.

# 벙어리 심해어

깊은 바다에 사는 심해어에게
심연 속 열기를 묻자
더 이상 입을 뻐끔거리지 못하였다.

심해어는 빛살 아래 흐르는 윤슬을 모른다.
심해어는 천수(淺水)의 따사로움을 느껴 본 적 없다.
심해어는 광휘라는 단어를 들어 본 적 없다.

사막에서 오아시스를 찾는 이들이 있다면,
심해어는 서늘한 바다의 물결을 따라
단 한 번도 본 적 없는 불빛을 찾는다.

저 암흑 속에서 추락하는 감정들에게
비관 속 희망을 묻자
더 이상 입을 뻐끔거리지 못하였다.

# 무단

횡단보도 건너편에 우두커니 서 있는
너를 향해 있는 힘껏 외쳤다.
오랫동안 마음에 담아왔다고,
여전히 변함없다고.

하지만 너를 마주할 자신이 없는 나는,
너의 대답을 듣는 게 두려운 나는
신호등이 초록빛으로 물들 때쯤
너의 시야에서 완전히 사라질 것이다.

3초, 2초, 1초….
네 손이 내 손목을 붙잡기 전에,
네가 나를 가로막기 전에,
도망치자. 나는 아직 널 마주할 용기가 없으니.

그러나
아직 달아나지 못했는데,
너는 우리 사이에 놓인 횡단보도를
망설임 없이 무단횡단하였다.

너는 내 깊은 내면에
서슴없이 무단침입하였다.

# 동심 실종사건

나의 순결함을 잠식시킨 쓰나미의 이름을
'어른들의 편견'이라 부르기로 했다.
검은 때 하나 타지 않은 동심을
어른들이 찌꺼기 하나 없이 꿀꺽 삼켜버렸다.

하늘을 나는 유니콘이 있다 믿었지만,
어른들은 말에게 뿔이 솟아날 리 없다 말한다.
굴뚝을 타고 선물을 주는 산타가 있다 믿었지만,
어른들은 산타의 촉박한 시간을 걱정한다.

어느 날, 나만의 동화가 끝나버렸다.
어느 날, 잘 자라던 새싹이 짓밟혀버렸다.
어느 날, 천진난만하던 한 아이가 실종되었다.

# 그 낡은 프린터기는 색맹입니다

오색찬란함이란 말을 이해할 리 없었다.
내가 본 세상은 언제나 잿빛이었으니까.
사람들은 내게 닿을 수조차 없는 것들을 사랑했다.
불행히도, 다채로운 것들에만 눈이 가는 세상이니까.

무채색이던 세상에 전자가 색을 입히기 시작하고,
혁신의 불길이 타오르다 옛것들이 재가 되었다.
그리고 마침내, 컬러 프린터기가 자리 잡았다.

진한 잉크처럼 새까맣던
인쇄소 주인아저씨의 머리칼도
어느새 서리처럼 하얗게 바래갔다.

주인 할아버지, 꼬부랑 할아버지.
부디 인쇄소의 문을 잠그지 말아 주세요.
시간아, 야속한 시간아.
부디 옛것의 정겨움을 잊지 않기를.

## 못난이 단호박

울퉁불퉁, 볼품없고 못생긴 겉모습.
고운 결을 가진 저 사과들에 비해 확실히 보잘것없다.
사람들은 단호박을 집어가는 대신,
반질반질한 사과가 담긴 박스만 비워 간다.

사과보다 두껍고 단단한 껍질 때문에
그 누구도 단호박의 달큰한 속내를 알지 못했다.
비록 사과처럼 가볍게 베어 물 순 없지만,
단호박에는 더 따뜻하고 부드러운 맛이 숨겨져 있었다.

그러나 사람들은 투박한 껍질만 보고
단호박의 가치를 단정 지어버렸다.

# 버려진 우산


우산은 희생정신이 투철하다.
거센 비를 대신 맞아주고,
울퉁불퉁 우박을 걷어내주고,
차디찬 눈으로부터 보호해준다.

그 덕에 낡고 헤져버린 우산은
자신이 지키던 사람 손에 버려진다.
철사가 구부러지고, 천이 다 찢긴 우산은
버려져서도 비를 맞고, 우박을 맞고, 눈을 맞는다.

버려진 우산은 자신의 최후를 맞이하는 순간까지
아무런 반항 없는 무방비 상태이다.

## 어둠이 사랑한 건 광명이었다


어둠에 세상을 가두는 밤이 깊어오고,
암야(暗夜)는 인간 세상을 내려다보았다.

그는 암흑을 틈타 온갖 범죄를 저지르는
흉악한 인간들을 바라보며 문득 생각한다.
'과연 이 밤이 인간들의 내면보다 짙을까?'

밤하늘 속 유일한 광채를 책임지는 달도
잔혹하기 짝이 없는 그들을 보고 다짐한다.

언젠가 내 존재를 다시 그릴 수 있게 된다면,
꼭 아침 인사를 나눌 수 있는 직업을 가져야겠다고.

더 이상 인간들의 악랄함을 알고 싶지 않은,
더 이상 불공평한 세상 속 무자비함을
보고 싶지 않은 그들이었다.

# 어항 밖 물고기


관상용 금붕어가 어항 밖으로 튀어나와,
따스한 햇볕 아래에서 말라비틀어져 있다.

이놈에게 어항 밖은 아마
새로운 삶의 시작점이라 여겨졌겠지?
이놈에게 어항 밖은 아마
새로운 삶의 시작점이기야 하겠지.

어항 밖은 물고기를 반겨주지 않는다.
가빠지는 숨결,
제 역할을 하지 못하는 아가미.

관상용으로써 유명무실해진 금붕어가
변기 속, 휘몰아치는 거센 소용돌이를 따라
퇴색된 시간 속을 헤맨다.

냉소적이고, 무자비한 세상이 그렇다.
오로지 아름답고 반짝이는 순간에만 주목하고,
더 이상 가치가 없다 느껴지면
어항 밖 물고기 신세가 된다.

# 해를 사랑한 남자

그는 달보다 해를 더 사랑했다.

해가 만들어내는 노을 하며,
해를 몰래 좋아하기라도 한 듯한 해바라기,
밤하늘 속 달 못지않게 눈부시고 밝은 햇빛.

그는 해를 볼 때마다 그녀를 떠올렸다.

달에 깃발을 꽂은 우주비행사는 있어도,
해에 깃발을 꽂을 우주비행사는 없기에.
범접할 수 없는 존재 같은 해는 그녀를 연상시켰다.

그녀는 언제나, 단 한순간도 빠짐없이
그에게 해 같은 존재였다.

## 제일 다정한 감정


단 한 번도 도움의 손길을 잡아본 적 없는,
내 거칠고 까슬까슬한 손을 낚아챈 것은
나를 더 망가뜨리려 온 우울의 손이었다.

우울의 손은 햇살처럼 부드럽고, 따뜻했다.
온기가 간절한 누군가라면,
잡지 않으려 해도 홀린 듯 붙잡을 수밖에 없었다.

가장 잔혹한 감정이 내게 제일 다정했고,
되려 가장 따뜻한 감정은 나를 외면했다.

우울은 누구에게나 친숙한 감정이다.
그만큼 교활하고 간사한 감정이다.

# 향수 얽힌 식물인간

향풍 끝에 흘러, 사무치는 어머니의 이름.
장독대 옮기는 할머니 몰래
마음 깊은 곳에서 조용히 되새긴다.

아득한 옛 추억을 곱씹으며
시간만으로는 잊히지 않는 그 이름.

입 밖으로 내뱉기에는,
저기 저 울퉁불퉁 세월 맞은 손이
쉽게 가시질 않는다.

그리우나 그립다 말하지 못한다.
떠올릴 수는 있으나, 소리를 내뱉진 못한다.
향수 짙은 따스함을 느끼고픈 어린 영혼에겐
입안에서 자꾸만 맴도는 목소리가 잠식되어 있다.

# 기억상실증

아버지 손에 세게 쥐어진 라이터가
선향 불꽃 막대에 불을 붙인다.
불꽃놀이에 잔뜩 들떠버린 유년 시절 속 나.
라이터를 뺏으려 손을 휘적인다.

아버지는 내가 혹여 다치기라도 할까 걱정되어
라이터를 나로부터 멀찍이 떨어뜨려 놓으신다.

그때, 나는 의아한 표정으로 아버지께 물었다.
아버지,
막대 끝에 연기는 올라오는데,
왜 불꽃은 튀지 않고 있나요?

나는 아버지께 또 묻는다.
아버지,
라이터가 위험하다며 나를 떨어뜨려 놓고
왜 선향 불꽃을 집에서 피우시나요?

아버지,
불꽃이 안 나서 그러세요?
왜 눈이 눈물을 잔뜩 머금고 있나요?

나는 아버지께 마지막으로 묻는다.
아버지,
정작 어머니는 어디 가시고
저기 저 탁상 위에 어머니 사진뿐인가요?

## 무관함에서 비롯된 모순

유리창 너머에 진열된 귀여운 인형을 보고
'너는 아기자기한 건 별로랬지'라고 생각했다.

카페에서 얼음 가득 담긴 아메리카노를 시키고
'너는 아메리카노는 너무 쓰댔어'라고 생각했다.

파랗고 드넓은 하늘을 보고
'너가 빨간색을 좋아하던가?'라고 생각했다.

꼬리를 살랑살랑 흔들며 지나가는 고양이를 보고
'너가 강아지를 키운다 했던 거 같은데'라고 생각했다.

'오늘따라 네 생각이 많이 난다'고 생각했다.
그러나 막상 되돌아봤더니

귀엽고 아기자기한 것에서도,
쓰디쓴 아메리카노에서도,
파랑을 담은 하늘에서도,
새침한 고양이에게서도,
정작 너와 관련된 내용은 찾아볼 수 없었다.

모순이었다.
전혀 관련 없는 곳에서도 너를 떠올릴 수 있는
나의 일관성 없는 생각이.

그래, 모순이다.
그럼에도 너를 좋아하지 않는다는
나의 근거 없는 발언이.

# 깡통 입마개

나는 입에 깡통을 달고 산다.
뻥 뚫린 깡통의 윗부분을 입에 갖다 대고
매일같이 "살려주세요!"라고 외친다.

크고 우렁찬 고함소리가 깡통 안을 가득 채우지만
결국 사라져버릴 울림만 남길 뿐,
깡통 너머의 사람들에게 전달될 생각은 없어 보인다.

무력한 외침을 계속해서 반복하다가
지쳐 잠드는 것이 나의 비참한 일상이다.

목이 쉬어 버린 나는 이제
힘없는 목소리도 겨우 내뱉을 정도이다.

온몸이 산산조각 나버렸다.
희미하고 작은 소리조차 남길 수 없게 되었다.

내가 사라진다면, 유에서 무로 돌아간다면
이름 모를 누군가가 또 나의 깡통을 줍겠구나.

그 사람의 입마개가 될 깡통에는
작은 구멍이라도 뚫려 있어서
희미한 숨이라도 오갈 수 있길.

# 물질주의의 결점

사람들은 너무나도 이기적이어서
본인에게 더 유리하고, 더 이익이 되는 선택만 한다.
그리고 우리는 이 본능을 '물질주의'라 부른다.

어떤 사람이 손해 보는 것에 가만히 있을 수 있을까?
자기중심적인 물질주의를 극복하려 해도,
결국 우리는 매사에 자신을 기준으로 생각한다.

물질주의적인 심리는 어느 공식에 넣어도
본능이라는 결과를 도출해 냈다.
누구든 손해 보는 것을 원치 않는다.
누구든 자신에게 더 유리한 선택을 한다.

완벽해 보였던 이 공식에도 변수가 있었다.
사람은 사랑할 줄 안다는 것.

우리는 사랑이라는 바보 같은 감정 하나에
기꺼이 자신을 희생하고 헌신한다.

사람들이 흔히 우스갯소리로 하는 말이 맞았다.
사랑은 자해였다.
그것도 세상에서 가장 아름다운 자해.

## 돌연변이 해바라기

모두가 나를 돌연변이라 불렀다.
해바라기는 해를 사랑해야 한다고 했지만,
내가 본 해는 달보다 빛이 무뎠다.

모두가 낮에 피어났다.
나 혼자만 밤에 꽃잎을 펼쳤다.
나는 밤하늘에 뜬 은빛 눈동자를 사랑했다.

주변 해바라기들은 고개를 저으며
나를 돌연변이라 부른다.
혹시 모르는 거 아닌가?
인간들은 나를 '달맞이꽃'이라 부를지도.

# 석고 덩어리

날카로운 조각칼이 내 깊은 곳까지 파고든다.
아직 고통에 무뎌지지 않았지만,
다시 반복될 이 상황만큼은 충분히 익숙해진 나.

거울에 비친 조악한 석고 덩어리가 밉지 않았다.
내 울퉁불퉁한 겉모습에 따가운 눈초리를 준 건
투박함을 멸시하는 그들이었다.

다른 조각상들의 잊을 수 없는, 불쾌한 비웃음이,
마치 내가 비정상인 것처럼 말하는 무례한 언행들이
나의 모습을 그들의 모습과 같게끔 조각했다.

이미 찢어진 상처 위를 한 번 더 베어 내자.
살점이 뜯겨 나가는 듯한 고통에 무감각해지자.

석고 조각들은 먼지가 되어 조각실을 정체 없이 떠돌고,
평범해지고자 하는 욕망은 마침내 나를 소멸시켰다.

## 그 사람을 사계 내내 잊지 못하는 이유


날씨가 온화하고 따뜻해진다길래,
나뭇가지에 어여쁜 벚꽃이 꽃봉오리를 튼다길래,
너 또한 떨어진 벚꽃을 귀에 꽂고
봄과 같이 오는 줄 단단히 착각하고 있었다.

청량한 바다가 철썩인다길래,
나무에 푸른 잎사귀들이 자라난다길래,
너 또한 시원한 여름옷으로 갈아입고
여름과 같이 오는 줄 단단히 착각하고 있W었다.

드디어 땀이 줄줄 흐르던 무더위에서 벗어난다길래,
푸르던 잎사귀들이 단풍들로 색을 갈아입는다길래,
너 또한 떨어진 단풍을 줍고,
가을과 같이 오는 줄 단단히 착각하고 있었다.

차가운 바람이 매몰차게 쌩쌩 분다길래,
나무에는 앙상한 가지들만 남는다길래,
너 또한 밤사이 펑펑 내린 눈을 마구 내게 던지며
겨울과 같이 오는 줄 단단히 착각하고 있었다.

넌 내게 봄 같은 존재였다.
봄, 아름다운 꽃이 피지만,
황사가 심한 계절.
너 또한 아름답지만 내게 유해했다.

넌 내게 여름 같은 존재였다.
여름, 밝은 햇살이 있지만,
우중충한 장마도 있는 계절.
너 또한 밝지만 암울한 시기도 있었다.

넌 내게 가을 같은 존재였다.
가을, 다채로운 낙엽이 있지만,
쌀쌀한 바람이 불어오는 계절.
너 또한 매력이 다양하지만 쌀쌀맞은 부분도 있었다.

넌 내게 겨울 같은 존재였다.
겨울, 펑펑 내리는 눈이 낭만적이지만,
미끄러워서 불편하기도 한 계절.
너 또한 낭만적이지만 그 낭만은 불안정적이었다.

넌 내게 봄, 여름, 가을, 겨울이자
달콤하고 긴 꿈이었다.

## 뱀의 꽃


닿을 수 없다.
꽃에게로 뻗을 팔이 없는 뱀이니까.
잡을 수 없다.
꽃의 손을 쥘 손이 없는 뱀이니까.

그러니 대신 감싸안는다.
온기를 머금은 뱀의 비늘 덩어리 육체로.
그러니 대신 집어넣는다,
코끼리도 삼킬 크나큰 입속으로.

혀로 냄새를 맡는 뱀은
꽃을 뱀의 주둥이 안으로 집어넣으며
세상에 하나뿐인, 하나뿐이었던 그 향기를
진득하게, 감각적으로 음미한다.

잊기 위해 삼켰건만,
오히려 뱀의 가죽은 늘어나고,
꽃의 형상만 더욱 선명해졌다.

# 온도 차, 감각 차

차가운 것을 좋아하는 사람은
오감이 살아나는 느낌을 원하는 것이다.
마치 죽은 것만 같은 자신의 몸이 싫어서.

뜨거운 것을 좋아하는 사람은
자신의 생동적인 몸이 싫은 것이다.
차라리 온몸의 감각이 무뎌지길 바라서.

공허한 감각을 떠도는 그 아이는
차가운 것을 좋아한 게 아닌,
뜨거운 것을 좋아한 게 아닌,
따뜻한 것을 갈망했다.

그러나 결국 무뎌진 감각과 함께,
차가운 바다에 흩뿌려졌다.

## 0.9초

"다녀왔어."

한 집의 가장으로 산다는 것은 결코 쉬운 일이 아니다. '아빠'라는 새로운 수식어를 달고, 본래 관심 두지 않았던 것들까지 책임져야 하기 때문이다.

"다녀오셨어요?"

맑은 눈동자로 나를 반겨주는 딸아이 덕분에 지친 하루의 피로가 한순간에 싹 잊혔다.

하얀 달이 하늘에 밝게 떠서 세상을 비추는 시간. 나는 잠자리에 들기 위해 침대에 누운 딸의 방에 들어가, 딸이 잠들 때까지 곁을 지켜주고 있었다. 오늘 있었던 일에 대해 재잘재잘 떠들던 딸이 갑자기 말을 멈추었다. 그녀가 잠든 줄 알고 슬금슬금 방을 나가려는데, 뜻밖에도 딸이 입을 열었다.

"아빠는 왜 일해요?"

"어이쿠, 잠든 줄 알았네."

"아빠는 왜 조금도 쉬지 않는 거예요?"

나는 순수한 딸의 질문에 살짝 웃어 보이며 대답했다.

"초침이 매초마다 쉬지 않고 움직이는 거 알지? 아빠는 초침 같은 사람이야."

이해가 가지 않는다는 표정을 짓는 딸을 보고 조금 더 자세히 설명해 주려는 순간, 딸이 내게 잊을 수 없는 말을 했다.

"초침도 0.9초 정도는 쉬잖아요."

나는 말문이 턱 막혔다. 반박할 수 없는 말이었다. 분주하게 움직이는 초침조차도 0.9초 정도는 휴식을 취한다는 딸아이의 말이, 왜인지 가슴 깊이 와닿았다. 그게 뭐라고.

어른답지 못하게 설움이 폭발할 것 같았다. 눈물이 흐르려는 것을 애써 참으며, '나는 한 가정의 아빠니까, 감히 약한 모습을 보일 수는 없으니까.'라고 스스로를 다독였다.

떨리는 목소리를 애써 감추며, 손으로 눈물을 쓸어내리며, 나는 딸에게 아무렇지 않은 듯 무덤덤하게 말했다.

"얼른 자렴."

# 청각장애 연주가

"와아아—"

나를 향한 박수와 함성 소리가 들려온다. 아니, 사람들이 손뼉을 치며 함성을 외치는 모습이 보인다. 사방에 앉아 계신 수많은 관객에게 허리를 굽혀 정중히 인사하고, 왼쪽의 커튼 뒤로 유유히 퇴장했다.

나는 바이올린 연주에 뛰어난 재능을 지닌 바이올린 천재이다. 내 바이올린 실력이 뛰어난 만큼, 주변 사람들에게 항상 많은 격려와 지지를 받았다. 관심과 사랑이 끊이질 않는 내게도 결정적인 단점이 있다. 사실, 나는 청각 장애가 있다.

나는 나의 청각 장애를 숨기고 연주자 활동을 하고 있다. 본래 나는 평범한 바이올린 연주자였는데, 갑작스러운 사고로 인해 하루아침에 청각을 잃었다.

사람들은 나를 '천재'라고 부른다. 나에게 과분한 표현이라 생각하긴 하지만... 역시 기분이 나쁘진 않다. '천재 바이올린 연주자'라는 칭호를 갖고 있었기에 나는 부모님에게 좋은 돈벌이 수단이었다.

귀를 잃은 그날, 바이올린 연주를 그만두자는 이야기가 오가는 순간 부모님의 휴대전화가 울렸다. 부모님은 통장에 들어온 거액을 보자마자 나의 눈치를 살피는 듯하더니, 부담스러울 정도로 격한 칭찬을 하셨다. 칭찬 내용을 들을 순 없었지만, 표정만 보고도 직감적으로 알 수 있었다.

'나, 바이올린 연주를 그만둘 수 없겠구나.'

나는 아무 소리도 들을 수 없기 때문에 사람들의 입 모양이나, 수화에 능숙한 사람의 손 제스처를 통해서만 대화를 할 수 있었다. 아무리 많은 사람이 나의 바이올린 실력에 손뼉을 치고 함성을 질러도, 박수와 함성 소리는 물론 내 바이올린 소리조차 더 이상 들을 수 없다.

나는 집으로 돌아와 악보를 펴고 바이올린을 연습했다. 아름답고 고운 내 손놀림과 과격하지만 부드럽게 쏠리는 바이올린 줄을 바라보며, 나는 허망함을 느꼈다.

'과연 나는 무엇을 위해 연주하는 걸까?'
명예? 모두에게 지지 받는 삶? 끊임없이 쏟아지는 부모님의 칭찬들? 만약 내가 이런 것들을 위해 연주하고 있다면, 나는 기꺼이 바이올린을 내려놓을 것이다. 나의 연주는 오로지 나를 위해서여야만 한다. 나는 바이올린 연주를 멈추었다.

'어째서 나를 위한 연주는 존재하지 않는 걸까? 정말 단순히 명예를 위해 이렇게나 노력하는 거라면, 나는 누구보다도 비참한 바이올린 연주자일 거야.'
충동적인 마음에 바이올린의 줄을 커터칼로 모두 끊어버렸다.

부모님께서 내 방으로 달려와 내가 저지른 일을 보고는 눈을 동그랗게 뜨셨다. 역시 예상했던 대로 부모님은 나를 야단치셨다. 그러나 나를 꾸짖은 이유는 커터칼이 위험해서가 아니라, 바이올린이 망가졌기 때문이었다.

나는 부모님께 수화를 통해 내가 하고 싶은 말을 솔직하게 표현했다.

"저는 대체 무엇을 위해 연주하는 건가요?"
부모님은 잠시 말을 잃으시더니, 결국 아무런 대답도 하지 않으셨다. 아마 순수한 아이의 연주가 금전적으로 판단된다는 잔혹한 현실을 알려주고 싶지 않았던 모양이다.

암울한 침묵 속에서 끊어진 바이올린의 줄을 묶어 원래 모습으로 되돌려 놓으려 시도하고, 또 시도했다. 나로서 할 수 있는 최선은 그것뿐이었다. 들리지도 않는 바이올린의 소리를 연주하는 것.

# 심장이 없어도

"다음 생에는 뭐로 태어나고 싶으세요?"

감수성이 풍부한 애인이 또 멜로드라마 같은 분위기를 조성하며 내게 물었다.

"네? 다음 생이요? 다음 생이 있기나 할까요?"

나는 장난삼아 한 말이라 살짝 웃어 보였지만, 애인은 나름 진지하게 물었나 보다. 민망한 마음에 헛기침을 '크흠' 내뱉고 애인의 질문에 진지하게 생각하기 시작했다. 그러나 쓸데없이 너무 현실적인 나는 기발한 아이디어가 떠오르지 않았다. 애인은 이미 대답을 정한 듯한 표정인지라, 나는 애인에게 되물었다.

"다음 생에 뭘로 태어날지 이미 정한 표정이네요?"

"당연하죠!"

해맑게 웃는 애인을 흐뭇하게 바라보며 물었다.

"그럼 다음 생에 뭘로 태어나고 싶은데요?"

"저는 해파리요."

"해파리? 상상도 못 한 대답이네요. 왜 해파리가 되고 싶으신데요?"

"해파리는 뇌도 없고 심장도 없대요. 그리고 몇몇 종류들은 실제로 죽지 않는다고 하더라고요!"

"그럼 뇌가 없고 싶은 거예요, 심장이 없고 싶으신 거예요, 아니면 죽고 싶지 않은 거예요?"

"해파리의 모든 특징을 닮고 싶어요. 뇌가 없다면 불안한 생각도 안 할 거고, 심장이 없다면 제 심장병 때문에 고생할 일도 없을 거고, 죽지 않는다면 세상과의 이별에 대해 고민할 필요도 없을 거 아니에요!"

만약 뇌도, 심장도, 죽음도 없었더라면 애인의 삶이 조금 더 안정적일 수 있지 않았을까.
딱한 마음에 나는 애인을 꼭 안아 주며 말했다.

"괜찮아요, 당신은 영원히 죽지 않을..."

눈부신 햇빛이 기어이 나를 깨웠다. 아마 달콤한 꿈에 사로잡혀 나도 모르게 깊이 잠들었던 모양이다. 바닥은 깨진 술병들로 가득했다. 핸드폰은 꺼져 있었고, 애인의 사진이 담긴 액자는 산산조각 나있었다. 너무 달콤한 꿈에 푹 빠져서 깜빡 잊고 있었다. 애인은 한 달 전에 심장병을 이유로 나와, 세상과 사별했다.

나는 뻐근한 허리를 펴고, 꺼져 있는 핸드폰을 충전하고, 방을 치웠다. 마지막으로 깨진 액자를 버리려고 쓰레기통 앞에 서자 손과 입술이 부르르 떨렸다. 부끄럽게도 야속한 눈물은 멈출 기미가 보이질 않았다.

'당신을 떠올릴 뇌가 없었으면 좋겠어. 아파서 당장이라도 부서질 것 같은 심장이 없었으면 좋겠어. 이별해야만 했던 죽음이 없었으면 좋겠어. 나도 해파리가 되고 싶어.'

# 점

누군가에게는 단순한 판타지로 여겨질지 모르겠지만, 나에게는 이 상황이 생생한 현실이었다. 목이 쉴 정도로, 당장 눈알이 튀어나올 것처럼 소리쳤지만 온몸에 새겨진 이 표식은 너무 선명해 지워질 기미가 보이지 않는다. 어느 날, 악마가 나를 찾아왔다. 그리고 대뜸 물었다.

"그 아이를 괴롭히고 싶지 않아?"

그 아이가 누구라고 지칭하지 않았음에도, 내 방에는 나를 괴롭히는 그 녀석의 사진이 갈기갈기 찢어져 있었기에 악마가 지칭하는 사람이 누구인지 단번에 알아차릴 수 있었다. 악마는 내게 말했다.

"죽이는 건 안 돼. 어차피 너도 그렇지 않아? 죽일 자신도 없을 뿐만 아니라, 큰 죄책감을 짊어지게 될 테니 그럴 용기도 없겠지."

악마는 작은 몸뚱어리에서 역겨운 냄새를 풍기며 점점 내게 다가왔다. 코를 막고 있어도 아랑곳하지 않고 얼굴을 들이밀며 말한다.

"그냥 조금 복수하자는 거지. 네가 원하는 대로 다 이루어 줄게. 너, 얼굴이 눈물 범벅이 되어 밧줄에 목을 걸지 말지 고민한 거 지금 2시간째야."

나는 코를 막고 코맹맹이 소리를 내며 대답한다.

"...조건은?"

오늘 그 아이는 친하게 지내던 무리에서 보기 좋게 떨궈졌다. 오해로 인한 손절이었지만, 이 사실을 아는 건 나와 그 아이뿐이었다. 이번엔 손바닥에 점이 생겼다. 점이 생기는 과정은 전혀 고통스럽지 않았다. 덕분에 손해를 보는 일도 없었다. 내가 원하는 것을 이뤄주는 대신 내 몸에 무작위의 점이 생기는 것, 정말 그뿐이었다. 얼마나 합리적인 선택인가!

이제 발을 쭉 뻗고 잠에 쉽게 들 수 있다. 그 아이가 몸을 잔뜩 웅크리고 바들바들 떨며 잠에 들지 못하는 모습을 상상하면 통쾌하기 짝이 없었다.

'내일은 돌부리에 걸려 흙탕물에 넘어지게 해야겠다. 아니, 남자친구가 있는 것 같은데 그냥 헤어지게 만들까? 비록 나는 이별해 본 적 없지만... 아끼던 관계의 이별만큼 고통스러운 게 없다던데. 마찬가지로 즐거운 하루가 되겠군!'

정신이 희미해지고 오늘도 마음 편히 잠에 든다. 내일을 고대할 수 있다는 게 이렇게 행복한 일인지 이제서야 알았다.

일어나자마자, 어젯밤 내내 고민하다 얻어낸 기발한 아이디어를 소원으로 빌려고 악마를 부른다. 하지만 오늘 아침은 평소와 좀 다르다. 악마 특유의 그 끔찍한 냄새가 풍기지 않았다. 악마의 이름을 불러 봤지만 실없는 내 메아리만 돌아올 뿐, 대답은 들리지 않는다.

"어디 갔지? 뭐, 어쩔 수 없네. 소원은 나중에 빌어도 별문제 없으니까."

등교하자마자, 남자아이들의 우당탕탕 시끄러운 소리나, 여자아이들의 재수 없는 웃음소리가 들리지 않는다. 오히려 모두 자리에 곧게 앉아 식은땀을 말리고 있다. 나는 우리 반 애들 중 단 한 명과도 친하지 않은 왕따이기 때문에 누구에게 묻지 않고, 눈을 요리조리 굴리며 상황을 파악한다.

'그 아이는 어디 갔지?'
두리번두리번하며 주변을 살피는데, 그 아이는 눈 씻고 찾아봐도 보이지 않는다. 그때, 그 아이의 책상으로 초점이 잡힌다. 그 아이의 책상 위에는 하얀 국화가 올려져 있었다. 불안 가득한 생각들이 머릿속을 빈틈없이 채운다.

'뭐지, 죽은 건가? 왜 죽었지? 죽을 리가 없는데!'
그 아이의 친구들이 모여서 속닥거리는 소리를 나도 모르게 엿들었다. 말소리 중에 한 단어가 집중적으로, 자주 들린다.

"자살, 자살이래."

"자살이라고?"

"응, 어젯밤."

"뭐? 자살?"

갑자기 주변이 어두워지고, 내 앞에 거울이 하나 놓여 있다. 거울 옆에는 악취를 풍기는 악마가 있다. 나는 제자리에서 온몸이 굳은 채로 움직이지 않으며, 악마에게 따지듯 묻는다.

"죽이지는 말자며!"

악마는 어리둥절한 표정으로 고개를 까딱거리며 내게 말한다.

"네가 죽인 게 아니잖아. 네가 칼로 찔렀어?"

"아니."

"자는 사이 베개로 얼굴을 짓눌렀어?"

"아니..."

"그 아이의 집에 불을 지른 것도, 역시 아니잖아?"

"...맞지."

"도대체 왜 죄책감을 가지는 거야?"

"..."

어떻게 대꾸할지 몰라 나는 아무 말 없이 침묵을 지킨다. 그 순간, '그래, 모두 맞는 말 아닌가?'라고 수용하였다. 어쩌면 그렇게 믿고 싶었던 걸지도 모르겠다. 악마의 악취가 내 몸과 더 가까워진다. 악마는 또 얼굴을 들이밀고, 내 몸에 새겨진 점을 하나씩 가리키며 지난날의 기억을 되새겨 준다.

"이 점은 그 아이의 생일을 모두가 잊게 만든 날, 이 점은 그 아이가 배탈이 나게 한 날, 이 점은 그 아이의 집이 폭삭 망하게 한 날, 그리고 이 점은… 어제네? 그 아이가 유일하게 의지할 수 있었던 친구들을 모두 잃게 만든 날."

악마가 되새겨 준 그날, 그날들을 거울을 통해 선명하게 보았다. 한참 지나서야 드디어 알게 되었다. 악마는 내 몸에 내가 한 악행들을 새기고, 그 아이가 마침내 무너진 날, 몸에 새긴 악행들을 '죄책감'이라는 이름으로 바꾸는 게 목적이었다는 것을!

악마는 죄책감이라는 추상적인 개념을 시각적으로 남겼다. 정신을 차려보니 악마와 거울은 온데간데없어졌다. 나는 매고 있던 가방을 바닥에 '쿵' 떨구자마자 화장실로 뛰어가서 점이 새겨진 모든 부위를 물로 씻어 내렸다.

"지워져! 제발 지워지라고!"

비누칠을 하고, 물로 씻고, 손가락으로 세게 비벼 봐도 그 수많은 점들 중 하나도 지워지지 않았다. 오히려 점들이 더 생기기 시작한다. 손바닥에 점이 빠르게 생긴다.

점의 모양은 마치 수업 시간에 배운 모스 부호처럼 생겼다. 만약 이게 모스 부호가 맞다면, 점들은 이렇게 말한다.

" . −   − . − .    −    . . −    . −    . − . .    . − .   
.   − . − −"

"Ac...tually... (사실은)"

" − . − −    − − −    . . −  "

"you... (네가)"

" − . −    . .    . − . .    . − . .    .    − . . "

"kil...led. (죽였어.)"

" . . . .    .    . − . "

"her. (그녀를)"

어쩌면 자살이 아니었을지도 모른다.

# 어머니와 첼로

어렸을 때부터 어머니는 내게 첼로를 권하셨다.
'가볍고 들고 다니기 편한 악기가 많을 텐데 왜 첼로였을까?'라는 의문을 품곤 했지만, 굳이 물어보진 않았다.
지금으로부터 3년 전, 내가 고등학생이던 시절이었다. 어느 날, 어머니가 진지한 표정으로 나를 부르셨다. 어머니는 내게 낯빛이 어두운 채로 조용히 병원에서 받아온 진단서를 보여주셨다. 심장병이었다. 그것도 벌써 B2 단계에 접어든. 손이 덜덜 떨리고 눈가는 이미 촉촉해져 있었다. 고개를 들어 어머니를 보니, 어머니는 인자하게 웃고 계셨다. 미소 띤 얼굴로 나를 안심시키셨다.

"괜찮아. 금방 나을 거야."

그 말을 굳게 믿고, 아니 사실 믿기지는 않았지만, 일말의 희망이라도 잡는다는 심정으로 나는 어머니를 매일 정성껏 보살폈다.

어머니를 챙기느라 첼로 수업에 빠지기도 하고, 성실히 임하지 못하자 어머니가 옆에서 꾸벅꾸벅 졸고 있던 나에게 말씀하셨다.

"첼로 수업... 열심히 다녀."

"아, 안 주무셨군요."

"그냥... 첼로 수업 열심히 다니라고."

어머니의 말에 잠이 깬 나는 오랜 시간 묻지 않았던 질문을 그제야 여쭤봤다.

"왜 많은 악기 중에 첼로를 권하시는 건가요?"

어머니는 숨을 헐떡이며, 눈을 반쯤 감은 채로 힘겹게 말씀하셨다.

"첼로는 심장과 가장 가까운 악기야. 그래서 첼로의 소리는 심금을 울린다는 얘기가 많지. 그만큼 아름다운 저음을 자랑하기도 하고. 내 꿈이 첼리스트였단다. 사람들의 마음을 음악으로 울려보는 것만큼 멋진 일이 없다고 생각했어. 그러나 이 꼴이 되어서 잘 움직이지도 못하는데... 첼로는 무슨. 이제 나한테 과분한 악기가 되어버렸지. 내 꿈을 내 아들이라도 꼭 이루길 바랐어."

그때 어머니의 깊은 뜻을 알 수 있었다. 그리고 어머니의 바람에 따라 첼리스트가 되기로 굳게 마음먹었다. 어머니의 심장병 통보를 받은 날로부터 3년이 지난 오늘, 첼로 수업을 마친 후 어김없이 어머니를 보살피러 집으로 향했다.

'오늘은 수업 때 배운 첼로 곡을 들려드려야겠다. 완벽히 익혔으니 자랑스럽게 들려드릴 수 있겠어. 아마 엄청 뿌듯해하시겠지?'

먹을 것을 바리바리 사 들고 집에 도착했지만, 어머니는 말하는 것도 힘드신지 아무리 재잘대도 조용하게, 아무 말도 없으시다. 어머니가 좋아하시는 약과를 입술에 대보아도 차가운 입술을 움직이지 않으신다.

집에서 풍기는 고약한 썩은 냄새에 환기를 시키려 창문을 열었다. 창문 밖에는 여러 대의 경찰차가 우리 집을 둘러싸고 있었다. 경찰들이 우리 집 문을 부수고 들어가는 것을 목격하자마자 나는 고래고래 소리치며 그들에게 달려갔다.

"당신들 뭐야!"

경찰들은 나를 제압하고는 어머니를 데려갔다. 나는 목의 핏줄이 선명하게 드러날 정도로 소리쳤지만, 내 힘이 그리 세지 못해 벗어날 수 없었다.

"당장 놓지 못해? 우리 어머니를 왜 데려가는 거야!
야! 우리 어머니 심장병이셔, 조심히 다루란 말이야!"

얼굴이 새빨개져서는 경찰들로부터 계속 발버둥 쳤지만, 그들은 나에게 진정하라며 말도 안 되는 얘기를 반복했다.

"아이고, 이 양반아. 돌아가신 분을 떠나보낼 줄도 알아야지."

"정신 차려라. 안타깝지만, 어머니는 이미 떠나신 몸이야…"

충격에 휩싸인 나는 그때 온몸에 힘이 빠지며 해탈한 채로 그 멍청한 경찰에게 물었다.

"무슨 소리야… 돌아가신 분이라니, 떠나신 몸이라니! 당신들 말 함부로 하지 마!"

흰색 천으로 덮인 어머니를 구급차에 실으려는 경찰이 말했다.

"아휴, 한참 썩었네. 얼마나 데리고 있었던 거야."

안경을 똑 부러지게 쓰고 엄청 깐깐하게 생긴 경찰이 내게 다가와서 볼펜으로 이것저것 적으며 물었다.

"첼리스트 준비 중이라면서?"

"네. 맞습니다. 높은 직급이신가 봐요? 저희 어머니 심장병이세요. 편찮으신 분이라고요! 쉬셔야 하는데 왜 데려가시는 거예요?"

"어이, 당신."

경찰은 무언가를 쓰던 볼펜을 내려놓고 무섭게 한 걸음 한 걸음 다가왔다. 그러고는 기분 나쁘게 비웃으며 비아냥대는 말투로 말했다.

"심장이 멈춘 사람의 심금은 어떻게 울릴 생각이었던가?"

# 엄마에 비해, 엄마의 비애(悲哀)


남편은 오늘도 술에 잔뜩 취한 채로 비틀거리며 집에 들어와서, 평소처럼 나한테 술을 더 가져오라고 요구한다. 나는 살갑게 그를 달래 보지만, 흥분된 그의 생각을 바꿀 방법은 안타깝게도 없다. 감정이 고조된 남편의 과격한 폭력이 시작되었다. 아들, 어린 아들만은 지키려고 그의 난폭한 손찌검에도 도망치지 않고 아들을 필사적으로 보호한다.

아들은 차라리 울음을 터뜨렸으면 좋으련만... 상황이 익숙한 듯 고개를 푹 숙이고 아무 말도 하지 않고 있다. 보조개가 어여쁘던 아들이 감정이 메마른 사람처럼 얼굴에 그늘을 내리고 있는 모습은 여전히 낯설다.
남편의 난동이 멈추고, 내 몸은 어느새 어둠에 덮였다.

밤이라서가 아니라, 방 불을 끄고 있어서가 아니라, 그저 지쳐서였다.

잠든 줄 알았던 아들은 어둠 속에서 탁한 눈을 또렷하게 뜨고 있다. 11살짜리 어린아이가 나에게 진지한 어조로 묻는다.

"이혼 안 해요?"

"…"

내가 무슨 말을 할 수 있겠나. 그냥 아이와의 침묵이 없었던 일처럼 지나가기만을 바랄 뿐이었다. 누가 엄마고, 누가 아들인지 헷갈리는 기이한 상황이었다.

"아프죠?"

등에 새겨진 가정폭력의 흔적을 아들이 부드럽게 어루만지며 묻는다. 마음 같아선 "아들, 나는 괜찮아."라고 말하고 싶었지만, 내 입은 차마 모순된 거짓말은 허용하지 않는 듯하다.

"...엄마는 아빠를 사랑해."

분명 방금까지는 거짓말을 허용할 수 없던 입이, 이럴 때만 가식을 그리 잘 떤다.

이것도 분명 앞뒤가 안 맞는걸, 목소리는 이미 불안정하게 떨리고 있는걸.

"...정말요?"

순간 '속아줘서 고맙다'고 생각했다. 하다못해 사실을 외면하고 속는 척이었더라도 정말 고마웠다.

결국 '속아줘서'라고 생각한 순간부터 방금 한 말이 거짓말임은 분명해졌다.

"응."

'엄마는 너를 두고 갈 수 없단다, 현실은 아무것도 모르는 사람들의 눈초리 속에서 살아가기도 한단다, 엄마도 도망가고 싶어. 아니, 도망치고 싶어. 아들, 사랑하는 아들아. 엄마랑 도망칠...'

야속하게도 생각은 여기서 끊겼다. 아들이 말을 걸어서가 아니었다. 더 이상 할 말이 생각나지 않아서도 아니었다. 이성은 비현실적인 생각을 자제하고, 희망을 꿈꾸는 데에 제한을 두기 때문이었다. 아들은 결국 이런 나를 울린다.

"엄마 사랑해. 엄마에 비해... 더 많이 사랑해."

아들의 팔은 나의 허리를 천천히 감싼다. 저 말에 대한 대답은 쉬웠지만, 목소리는 도저히 나오지 않았다. 입을 양손으로 틀어막고 떨리는 목소리를 숨기며 나는 말한다.

"엄마에 비해라니. 엄마가 더 사랑하지."

겨우 울음을 감추고 사랑한다고 말하였다. '어두워서 다행이다, 눈물이 야광색이 아니라서 다행이다.'

비극적인 안심을 하고 있는데, 아들은 결국 나를 대성통곡하게 만들 말을 한다.

"엄마에 비해 더 많이 사랑한다는 게 아니라... 엄마의 비애(悲哀)도 많이 사랑한다고."

서러움이 묻힌 침묵이 흐른다.

"...아빠 깨겠다. 조용히 하고 자자."

나는 다시 어둠을 덮는다. 밤이라서가 아니라, 방 불을 끄고 있어서가 아니라 그저 비참해서였다.

## 밀물 청춘

밀물은 물이 가장 높게 차오르고, 그렇게 모인 물이 한꺼번에 밀려오는 시기이다. 밀물과 청춘은 유의어라고 불러도 이상하지 않을 정도로 닮았다.

잔뜩 솟아오른 해일을 감정이라 부르고, 가라앉은 물결 위 어여쁘게 얹어진 윤슬을 심미(審美)라고 불러 보자.

청춘 속을 유영하는 우리는 사소하게 투닥거리느라 바빴다. 물살을 가르며 헤엄치는 모두의 자세가 엉성하고 부실했음에도 불구하고 서로 시기 질투하고, 감정 담긴 험담만 잔뜩 재잘거렸다. "그 사람이 그렇게 싫었던 거야?"라는 질문에는 "그냥 미웠던 거야"라고밖에 대답할 수 없었던 우리는 어린 것도 모자라 아주 철부지 시절이었다.

'사춘기'라는 독립적 사고가 확장되는 시기 때문에, '어른'이라는 무겁고 책임감이 투철한 칭호 때문에 청춘을 겪으며 미숙함을 들키지 않으려고 애써 보았다. 하지만 뜻하는 대로 쉽게 가려지지 않았다. 아무리 손으로 가려 보려 해도, 주름 하나 없고 고사리같이 작은 손으로 가릴 수 있는 것이 있기나 할까?

해일은 시간을 핑계로 언젠가 잠잠해질 것이다. 다채로운 색이 섞인 노을에 따라 심미(審美)라 부르던 윤슬의 색 또한 오색 찬란히 바뀔 테니 너만의 색을 마음껏 보여주길, 세월의 빛깔과 함께 실컷 뒤섞이길.

# 일기에 쓰지 않은 말

고층 학원의 옥상에 올라 땅을 내려다보았을 때, 내가 가장 먼저 떠올린 것은 유감스럽게도 학교 숙제 때문에 집 근처 문구점에서 급하게 산 촌스러운 일기장이었다. 우정을 속삭이며 즐거움을 함께 나누던 친구들도, 하다못해 평생 나를 책임지며 키워 주신 가족도 아닌 학교 일기 숙제가 난간 쪽으로 아슬아슬하게 기울어진 내 몸의 균형을 되찾아 주었다.

나에 대해 아무것도 모르는 누군가에게 "죽음을 각오하고 옥상에 올랐는데, 일기 숙제 때문에 다시 내려왔다"라고 말한다면, 나를 어리석고 경솔한 청소년이라 생각할 것이 뻔하다.

그 감정적이고 위태로운 순간, 내가 곧바로 생각을 바꿀 수 있었던 계기는 오늘 일기에 쓰지 않은 말 때문이었다.

내가 일기에 기록하지 않은 것은, 오늘 꾸역꾸역 문제를 풀며 겪은 고된 순간도, 학원 구석에서 눈물을 닦으며 삼킨 울음 속 설움도 아니었다. 그것은 바로 내가 눈으로 직접 본 세상의 다채로운 정(情)이었다.

죽음의 문턱에 서서 떨어지기로 결심한 그 순간, 옥상 아래 펼쳐진 세상은 생각보다 다양한 온정으로 가득 차 있었다. 수레를 끄는 할머니를 도와주는 정겨운 학생, 환경을 개선하고자 자신의 목소리를 내는 시민 단체, 시멘트 틈을 비집고 힘겹게 피어난 작은 민들레까지! 내면을 들여다보지 않아도, 표면적으로 드러나는 세상의 수많은 따뜻한 요소를 보고서야 나는 깨달았다. 그동안 나 자신에게만 집중하느라 외면했던 다정한 세상의 요소에 대해 하고픈 말이 수도 없이 많이 떠올랐다.

나는 내가 평생 아프게만 살 줄 알았다. 인생에는 내 행복을 방해하는 악한 요소들뿐이라고 생각했기에. 사람들은 이런 나를 '사춘기'라고 지칭했지만, 나는 그 단어가 내 고통을 가볍게 치부하는 것 같아 썩 마음에 들지 않았다.

사는 게 아니라, 죽어 가고 있다고 느꼈다. 살아가고자 하는 마음보다 죽고자 하는 마음이 더 간절해졌을 때, 나는 항상 나만이 느낄 수 있는 감정들을 글로 표현했다. 그 글이 그저 백지 위 검은 글자 따위로만 남았다면 좋았을 텐데, 내 안에서는 불만과 한탄으로 변질되어 쌓여 갔다. 그 추상적인 고통들은 극단적인 결심으로 이어졌고, 결국 나를 옥상 위로 유혹했다. 그러나 다행히도, 옥상 아래에서 내려다본 세상은 내가 겪었던 것보다 훨씬 풍부한 정(情)으로 이루어져 있었다.

학원을 마치고 집에 돌아가면, 나는 일기 내용을 이렇게 추가할 것이다.

"나는 오늘 힘든 하루를 안고 극단적으로 옥상에 올라갔다. 그러나 떨어지기로 각오하고 내려다본 세상이 너무나도 정겨워서 나는 그 속을 살아가기로 다시 마음먹었다. 이 사실을 모르고 일기에 이 말을 쓰지 않은 어제의 내가 안타까울 따름이다."

## 시든 것들에게 기약 없는 약속을

세상에 불멸하는 것은 없다. 시들지 않는 꽃도 없고, 증발하지 않는 물도 없으며, 해지지 않는 인형도 없다. '새로운'이라는 수식어를 잃었을 때쯤, 우리는 그것들의 마지막을 받아들일 수밖에 없어진다. 시든 꽃의 잎이 떨어지는 모습을 지켜보고, 말라버려 사라진 물의 흔적을 어루만져 보고, 실밥이 잔뜩 터져 본래 모습을 잃은 인형을 다시 껴안아 보며 '오늘도 영원을 이루고자 함은 역시나 실패했구나.'라며 아쉬운 마음을 꾸역꾸역 덮어 본다. 그러나 결국 감정은 거짓말을 하지 못한다.

영원이 없기에 세상은 아름답다. 우리는 그들이 고유한 모습을 잃고 세월을 맞이하는 것을 지켜보며 마침내 그들의 이름을 '추억'이라고 바꿔준다.

더 이상 한때에 머물러 있는 것을 갈망하지 말고, 그들의 귀에 대고 작별 인사를 속삭여 주자. '수고했어, 다시 또 만나.'라고 근거 없는 다음을 감히 기약해 보자.

# 낚싯바늘

나는 반짝이는 것을 좋아하는 바닷속 물고기이다. 누구나 탐내는 상당한 값어치의 보석이라든지, 매일 해가 뜨며 아침을 알리는 햇빛이라든지. 반짝이는 모든 것을 동경하고 사랑한다.

오늘도 따스한 햇볕을 받으며 잠에서 깨어났다. 그리고 어김없이 내 취미인 '보석 찾기'를 시작했다. 깊고 어두운 바닷속 어딘가에 존재할 반짝이는 보석을 찾는 것이 나의 일상이자 목표이다. 이곳저곳을 두리번거리며 보석을 찾아다니는데, 저 멀리 희미하게 반짝이는 무언가가 보였다. 나는 호기심을 참지 못하고 지느러미를 이리저리 흔들며 그것의 움직임을 따라 빠르게 헤엄쳤다.

가까이 다가갈수록 빛은 더욱 강렬하게 반짝였다. 그리고 마침내, 나는 선명하게 빛나는 무언가를 발견했다. 황홀할 만큼 눈부신 그것을 보자마자, 나는 저도 모르게 지느러미를 뻗어 부드럽게 감싸안았다.

하지만 그 순간, 갑작스러운 물결과 함께 내 몸이 바다 밖으로 끌려가기 시작했다. 첨벙거리는 물소리 속에서 나는 점점 바다 밖으로 이끌려갔다. 그리고 그제야 나는 깨달았다.

'반짝이던 그것은 보석이 아니었구나.'
자신을 잡아가려는 낚싯줄을 쫓다 끝내 목이 조여 끌려가는 한심한 물고기. 그런 나를 낚아 올린 낚시꾼도 어리둥절했을 것이다. 숨이 점점 가빠지며 시야가 흐려지는 순간, 나는 따스한 햇볕 아래에서 서서히 모든 감각을 잃어 갔다.

김서연

글의 뜻을 해석하는 대신 어떤 글이든 자신이 원하는 대로 읽어나갔으면 한다. 세상에 살아가는 수많은 사람들에게는 저마다의 상황과 생각이 있다. 단어 하나도 보는 이의 시선에 따라 달라지는 것이 당연하니 나는 내가 적어놓은 글이 더 이상 내 것이 아닌 누구든 상상하는 대로 자신만의 글이 되기를 바란다.

Instagram : @letterflight

『너는 모든 것들에
숨을 불어놓고 있는 중이었다』

| | |
|---|---|
| 물먹은 민들레 | 154 |
| 그냥 그뿐이지 | 156 |
| 구름이 먹은 후유증 | 157 |
| 바람이 추워요 | 159 |
| 너는 내 바람 | 160 |
| 비 한잔 눈물 한 방울 | 162 |
| 답은 미지수 | 164 |
| 당신이란 세계에서 당신께 | 166 |
| 당신의 태양 | 168 |
| 날지 않던 나비 | 170 |
| 486번째 발신 | 172 |
| 여름이 시작돼 | 174 |
| 내쉬는 숨에 떨리는 사랑 | 176 |
| 날아오른 세계 | 178 |
| 고양이 눈동자 | 180 |
| 눈 비비고 일어나 | 182 |
| 빨리 감기 느리게 감기 다시 보기 | 184 |

| | |
|---|---|
| 바람이 불지 않는 세상 | 186 |
| 행성 실종사건 | 188 |
| 떠도 감은 | 190 |
| 소망하는 소망 | 192 |
| 석양빛 드리운 초저녁 | 194 |
| 아 네가 떠나갔구나 | 196 |
| 사랑한다면 사랑하면 된다 | 198 |
| 심장 깊이 새긴 사랑에게 | 200 |
| 밑창에 남은 발자국 | 202 |
| 너의 귓속말 | 204 |
| 사랑의 뜀박질 | 205 |
| 가을이 끝나갈 무렵에 | 206 |
| 젖은 마음에 덧칠을 | 208 |
| 편지 비행 | 210 |
| 세상을 갈라낸 반 | 212 |
| 비단 리본 | 214 |
| 새벽의 커피 레시피 | 216 |
| 맑은 옷의 그림자 | 218 |
| 나의 마음은 지구를 두르지 | 219 |
| 끝 시 | 220 |

당신이란 세계에서
당신꼐

김서연

# 물먹은 민들레

네가 바라보는 모든 것들은 섬세했다

작은 홀씨 하나의 삐죽 튀어나온 잔머리까지
눈여겨 보아주는 너였다

눈물로 시뻘게진 눈가가
제발 알아채지 말아 주세요
보내는 소리 방울마저 귀 기울이는 너였다

종이 구겨진 부분의 잡생각과
종달새 길게 늘어진 사랑마저

너는 알면서 모르는 척
입 가리고 미소 지었다

시선이 낮게 깔린 시든 꽃 하나
아무래도 외로운 듯한 노랫말 하나
가벼운 듯 보이나 힘을 내 뛰고 있는 발걸음 하나

너는 모든 것들에 숨을 불어넣고 있는 중이었다

# 그냥 그뿐이지


나에게 그냥이라는 말이
가장 잘 어울리는 건 너였다

알 수 없는 감정들은 파도처럼 넘실대고
작은 요동 하나에도 수십 개의 단어들이
나에게로 떠밀려오고 있었다

머릿속에 가득 찬 단어들을
정갈하게 정리하는 것은
별의 수를 세는 것보다 어렵다

그래서 나는
굳이 긴 말을 늘어놓지 않는다

무수히 많은 단어들에 얘기가 길어질까
감싸안는 단어가 그냥이었다

# 구름이 먹은 후유증

당신 증발하고
내 눈물 방울방울 떠올랐다

흰 마음들은 점점 무거워지며
검어졌다

마치 저 하늘처럼
곧 있으면 쏟아질 비를 머금은
구름처럼

나는 언제 울어도 이상하지 않을
먹구름을 가지고 있다

그리움과 외로움은 사랑을 그려냈고
공허함과 허전함은 당신을 그려낸다

약이 없으니 병은 아니고
기억이 조금 길게 남는 모양이다

사랑이든 슬픔이든 흘러
바닥에서 온몸 뒹굴고 있는 모양이다

# 바람이 추워요


좋아합니다
말하지 않아도 닿는 말

당신이 필요해요
안아달라 두 팔 벌리지 않아도 아는 마음

사랑해요
내 마음 꺼내 보여주지 않아도 느껴지는 진심

혹여 부족할까
간절한 마음 보여 주면 더 자세히 알까 싶어
문 열어 마음 보여 주려 하면

바람이 춥다, 말해주는 사람

꽃이 금세 져버리고 끈적하게 시들어가
한순간 찬기 맴돌 때엔
손에 온기로 마음 데워 주는 그대

# 너는 내 바람

너는 바람
사랑한다 스쳐 지나가는 바람
눈물도 방울방울 튀기고 지나가는 바람

너는 바람
마음 바싹 말려주는 바람
좋아한다 입가를 토닥여 주고 가는 바람

너는 바람
오늘도 슬피 우는 바람
하루를 뛰어다니며 우당탕 넘어지는 바람

풀잎처럼 하늘하늘한 내 바람
큰 숨에 제 한 몸 못 가누고 휘청이는 바람
가녀린 발걸음으로 순식간에
저 끝까지 뛰어가는 바람

너는 내 바람
오늘도 행복하다 말할 수 있기를 바라

# 비 한잔 눈물 한 방울

희미한 시야는
오늘 하루도 버텨냈다는 것을 의미한다

축축한 손등은
내일 하루도 이렇게 살아갈 것을 의미한다

글로 적어낼 수 없는
수로 나타낼 수 없는
말로 표현할 수 없는

당신의 하루 중 수많은 감내들

누구도 받아낼 수 없는
누구도 안아줄 수 없는

나만이 알아볼 수 있는
나만이 견뎌낼 수 있는

빗물 한잔 가득 찰 때
흐르는 눈물 한 방울

# 답은 미지수

수수께끼 넌센스
너의 긴 곱슬머리에 걸려버린 것 같아

이 질문의 답은 밤을 새워도 소용없어
머리를 쥐어짜도 헛수고일 뿐이야
하늘에서 구름을 피해 걸어보려 하는 꼴이야

행운을 가져다준다는 네잎클로버도
모든 걸 알고 있는 것 같은 별들도
이유를 모르는 불가사의한 문제야
시간이 갈수록 점점 꼬일뿐이야

파도에 떠오른 별 가루
창문에 쓰인 한 사람의 이름

태양에 사는 달 토끼
교과서에 그려진 누군가의 얼굴

무지갯빛의 달
휴지통 가득 담긴 '사랑해'란 낙서

아침에 뜬 달 저녁에 뜬 해
이거 미지수가 맞잖아

## 당신이란 세계에서 당신께

나는 괜찮다는 당신의 말을 믿지 않아요
아프지 않다는 당신의 말도 당연히 믿지 않고요

왜냐면 당신의 눈가에 흉이 졌잖아요

당신의 안식을 바라지 않아요
당신의 안녕을 원하지도 않고요

바라는 마음이
당신의 예쁜 거짓말을 끄집어내길
원하지 않거든요

하지만 나도 참 바보인 건
당신께 나도 거짓말을 하고 있었어요
이제야 뒤늦게 눈치챈 거예요

발에 밟히는 곳에 있는 잡초에서
당신의 이름을 발견해버렸거든요

아... 우리는 항상 너무 늦어요

눈물 자국 밤새우면 흉 지듯
사랑 자국 방치하니 세계에 새겨졌네요

# 당신의 태양


사랑은 마치 퍼즐 조각처럼
사랑은 그래
유리조각처럼

딱 들어맞는 상대가 있어야 돼
필요하다면 나를 버릴 수도
새로 갖출 수도 있어야 해

정반대의 세상을 살아가고 있더라도
서로가 보고 싶다면
모든 걸 내려두고 한달음에
달려와야만 해

모자란 부분을 안아주고
고장 난 상황을 이해하고
흠집 난 마음을 알아주며

딱 들어맞는 존재로
내 옆에 그대가 있어야 해

마주 잡은 손깍지 사이로는
한 줌의 사랑도 빠져나가지 못해

나의 그대여

눈물은 거둬줘요
그대가 바다의 끝 쪽에 산다면요

그럼 난 해를 줄게요

# 날지 않던 나비

날갯짓 한 번에
날아간 당신의 거짓

나를 속이며 당신까지
속여왔던 진심은

그리 대단하지 않은
누군가가 누군가에게 하는 사랑

유난히 더 날렸던 먼지들에
감추어져 알아보지 못한 사랑

흥얼거렸던 노래 가사에
숨어들었던
당신이 내게 갖던 사랑

깨진 유리창 너머로도
바로 알 수 있었던
당신의 머리맡 액자 속
사랑의 의미

흔들렸던 차창의
떨림이 나의 떨림이었나 봐

쭉 뻗은 손을
마주치지 못해
손뼉 소리와 함께 지나간 사랑

네가 하던 말들은 나에 대한 사랑이었어

# 486번째 발신


라디오 주파수 맞추고
이불 속에 숨어 몰래 속삭여보는
당신의 이름

들려주는 사연에
당신과 나를 넣어보며 온갖 상상 속에서
볼을 붉히죠

흘러나오는 노래에 벌떡 일어나
당신 대신 이불 끝과 손잡으며
빙그르르 돌다가

오늘 하루 야속했던 당신의
말이 떠올라 베개에 얼굴 파묻는 나

잔소리 없이 조용한 별들에게
속마음 얘기하다
이상한 애처럼 웃기도 수십 번

모든 시간에 불쑥 찾아와 해맑게 웃는 당신은
나를 애태우죠

이렇게라도 당신을 느끼며
잠들기 직전까지 부르는 당신의 이름

밤새 원하면 꿈에라도 스치시겠죠

# 여름이 시작돼

한마디 말도 없이 시작된 여름은
덥고 꿉꿉한 앞날에
손 내밀기 주저하게 되지만

어느 순간 정신 차려보면
여름의 한 가운데에 서 있는 나

뜨거운 태양에 아껴뒀던 마음 녹을까
온몸으로 막아보지만

끈적하게 녹아버린 마음을 어느새
두 손으로 쓸어 담고 있는 나

태양 피해 오른쪽으로 돌아가면
밤늦도록 따라다니고

풀숲에 숨어버리면 비를 내려서라도
마주 보게 하는 여름

태양이 기승을 부릴 때엔
기분이 좋은가 보구나
나도 미소 한번 지어보고

장마가 올 때엔 허공에 힘껏
여름아 울지 마

# 내쉬는 숨에 떨리는 사랑


너를 사랑하며
원하는 것이 하나 있었다

자주 울고 자주 아파하는 너를 보며
되고 싶은 것이 하나 생겼다

나는 무딘 사람이 되고 싶었다

네가 울지 않고 웃는 얼굴을
모두가 잠든 저녁에라도 꿈꿔보았다

너보다 몇 배 더 아파하고
몇 배 더 걱정하는 나를 돌아보며
한심해 밤을 지새웠다

너의 마음을
나도 느낄 수 있다는 것이 기쁘면서도
너보다 더 떨리는 숨의 나를 느낄 땐

네가 이런 내 어깨에서
편안함을 느낄 수 있을까 하며
한 번 더 걱정하고 한 번 더 사랑했다

# 날아오른 세계


멍청하게 짜인 스토리 중에서
더 이상 내가 나오지 않는다

아직 행복할 이야기가 남았는데
수많은 글자 속에서도 내 이름 한 자가 없다

나는 모르는 단어들을 지나쳐
물음표와 느낌표를 따돌리고 빈 여백을 내달렸다

끝자락에서 마지막 마침표를 등진 채
나를 정하던 책 속에서 날아올랐다

앞으로 적어 나갈 수많은 문장들이 있다

여러 번 느낌표를 만나고
물음표와 싸워 이기며
쉼표를 세워 그늘막 아래 낮잠도 잘 것이다

모든 것은 내가 정한다
페이지의 수도 글자의 크기도 여백의 풍경들도

이 책의 저자는 나다

# 고양이 눈동자


밤하늘을 올려다보며
너와 눈을 마주했다

흔들리지 않는 눈동자에
거짓은 담겨 있지 않았다

너의 눈은 빛을 내고 있을 뿐
누군가의 진심을 깨물지 않았다

너는 어둠 속에 가려진 모든 것을
볼 수 있었다

들키기 싫어 어둠으로 덮어둔
누군가의 흑심도 누군가의 사랑도

그렇지만 아무 말도 않는 너의 침묵이
어두운 밤 내가 고개를 들어 올리는 이유였다

오늘 밤도 내일 밤도
네가 눈을 깜빡이는 그때에도
나는 너를 바라본다

## 눈 비비고 일어나

나는 눈이 내리는 세상에
너는 비가 내리는 세상에 살았다

나의 세상은 침침했다

뭉친 눈송이들이 소리를 빨아먹는
아주 무서운 곳이었기에
어떠한 소리도 들리지 않았다

그렇기에 나의 세상은 하나의 색과
침묵으로 이루어진 눈 속이었다

너의 세상은 또렷했다

큼지막한 소리들과 여러 색들이
공존하고 있었기에
웃음도 감정도 목소리도 다 제각각이었다

너는 수많은 울림 속에서 살았다

그러던 어느 날
눈 속에 파묻혀 구조 요청을 하는
나의 무음 소리를 네가 들었다

손을 이끌고 너의 세상으로 나를 초대해
그동안의 이야기를 들어주었다

나는 그곳에서 공기를 따라 이동하는
분명한 나의 목소리를 들었다

# 빨리 감기 느리게 감기 다시 보기

웃는 모습이 하얀 꽃잎처럼 황홀했던
그 겨울

차디찬 손가락의 마디가
설렘의 진동으로 이루어지던
그 밤

큰 길에 덩그러니 남겨진 가로등 하나가
모든 빛을 내뿜고 있었던

그날의 습도
온도
채도

시간은 너를 너무 빨리 넘겨짚었고
서둘러 돌아가는 테이프의 줄을 나는 잡아당겼어

늘어난 테이프가 조금이라도
너를 느리게 데려가길 간절히 바라며
나는 너를 붙잡았어

희미한 눈동자 속에 살아있는 꽃잎의 황홀함은
계속해서 불어오는 사랑의 외침은
볼을 스치는 뜨거운 행복은
너를 다시 한번 보기를 이렇게 원하고 있어

오늘도 내일도 너를 붙잡으며
늘어난 그림자에 입을 맞춰

# 바람이 불지 않는 세상

촛불 하나 꺼질 때까지만
당신을 사랑하겠습니다

작은 바람 불어올 때까지만
당신을 사랑하겠습니다

눈물 한 방울 떨어질 때까지만
당신을 사랑하겠습니다

꺼지지 않는 초의 불이 꺼질 때까지만
당신을 사랑하겠습니다

바람이 없는 곳에서 작은 바람 불어올 때까지만
당신을 사랑하겠습니다

눈물이 없는 곳에서 눈물 한 방울 떨어질 때까지만
당신을 사랑하겠습니다

딱 그만큼만

고작 촛불 하나와

한낱 작은 바람과

기껏해야 물 한 방울에 불과한
사랑을 하겠습니다

촛불 하나 꺼질 때까지만
당신을 사랑하겠습니다

# 행성 실종사건

너무 놀랄 때
비명도 지르지 못하는 것처럼

너무 아플 때
눈물도 나오지 않는 것처럼

네가 떠날 때
나는 아무 말도 하지 못했다

나를 살게 하는 모든 것이 떠났나
너로 이루어진 공기와 태양과 달이 떠났다

그것은 자연이 모습을 감춘 것이며
아침이 숨어버린 것이며
밤이 사라진 것이다

그것은 숨을 막아버린 것이며
하루가 사그라든 것이며
삶을 앗아간 것이다

너로 인해 내 지구가 멸망했다

# 떠도 감은


세상이 사라질 때 모든 것들은
다른 빛깔로 반짝인다

이제껏 눈여겨보지 않았던 부분들이
드디어 내 눈에 들어온 것이다

무시했던 감정들도 더욱 짙게 소용돌이친다
그제야 깨닫는 진심이 있는 것이다

이제 니의 모든 것들이 나에게서 희미해져 간다

거들떠도 보지 않던 너의 빛남이
내 눈에 비치니
빛을 이겨내서라도
너를 더욱 똑똑히 내 눈에 담고 싶구나

너를 보지 않았던 동안
내가 사랑했던 모든 것들이 보이지 않았다

# 소망하는 소망

마음 가득히 소망하는 것이 있다

그저 파란 하늘이 계속되길
눈을 떴을 때 하얀 햇빛이 나와 눈 맞추길

초록의 나뭇잎과 모래를 뒤흔드는 바람이
나에게도 속삭여 주길

오늘도 지루하고 평범한 것들을
마음 다해 소망하는 사람들이 있다

비가 내릴 때에도 눈이 쌓일 때에도
눈물이 흐를 때에도 마음이 얼어갈 때에도

그저 스쳐 지나가는 모든 것들에 기뻐하고
고개 숙이는 사람들이 있다

누구도 모르기에 더 간절하고
아무도 눈치채지 못하기에
더 특별한 사람들이 있다

나는 오늘도 네가 활짝 웃어주기를
힘들 땐 소리치며 화내주기를
슬플 땐 숨기지 않고 펑펑 울어주기를

마음 가득히 소망하고 있다

# 석양빛 드리운 초저녁


하루 동안 동네를 거닐면서 너를 참 많이도 보았다

너에게 내가 본 너를 말해주니 너는 화를 내었다

어떻게 그런 하얀 목화 꽃이 자신과 닮았냐며
입술을 삐죽 내밀었다

밤하늘을 가진 손등으로
나의 가슴을 연신 때리며 말이다

오늘 본 붕어와도 닮았다 말하니
너는 또 화를 내었다

자신의 볼이 그렇게 가득 차 있냐며
사랑스러운 두 볼을 가리며 말이다

하지만 어쩔 수가 없었다
숨을 쉬는 내내 나는 너의 얼굴만이 떠올랐는데

그렇게 말하자 너는 빨갛게 달아오른 볼을 가리며
나에게서 너를 숨기려 하였다

지금 세상을 감싸안는 석양이 너의 두 볼과 닮아있다

# 아 네가 떠나갔구나

산들바람처럼 가볍게
하지만 마음은 폭풍이 일어난 듯
엉망이었어

머리카락이 눈을 가리고
너를 보지 못하게
가리는 짓을 계속했어

만질 수 없어
기댈 수 없어
몸의 전부가 너에게 휩싸였지만 마주치지 못했어

너는 미련 없이 뛰어가고
나는 너를 따라잡지 못했어

너는 바람이었어
나는 그저 너를 기다리다가

바람이 불면
아 네가 떠나갔구나 싶어

# 사랑한다면 사랑하면 된다



너의 발걸음이 땅을 울렸다
거슬리는 진동에 두리번거리며 너를 찾았다

처음에는 그냥 보기만 하면 된다

누구 때문에 웃고 있는 건지 궁금했다
무엇 때문에 울고 있는 건지 알고 싶었다

호기심이 생기면 걸어가면 된다

비가 오는데 우산이 없는 것 같아 보였다
날씨가 추운데 겉옷도 걸치지 않은 것 같았다

신경 쓰인다면 달려가면 된다

웃는 얼굴엔 하루가 따뜻했고
우는 모습엔 죽을 것처럼 심장이 욱신거렸다

무언가 느꼈다면 날아가면 된다

시선이 계속해서 너만을 담고 있다
너의 모든 날을 함께하고
곁에 있는 매 순간 너로 인해 살고 싶다

사랑한다면 사랑하면 된다

# 심장 깊이 새긴 사랑에게

오늘도 평범한 일상에 당신을 엮어가며 살고 있어요

낡은 레코드가 제 길을 못 찾을 때
당신을 떠올리니 거짓말처럼 음을 내더군요

비 올 것 같은 낙심한 하늘도
당신의 이름을 부르니 금세 맑아지더군요

고요한 귓가에 당신의 노랫소리 들려오면
심장이 따듯해져요

나의 사랑아

주름진 손으로 당신의 손을 포개며 말해요

이제는 가슴속 많이 깊어진 나의 사랑아
잊지 않으려 당신을 적어놓느라
심장이 많이 약해졌어요

그럼에도 쉽게 날아가지 않는 깊이에
매일매일 감사하며 살아가요

나의 사랑아
이 심장 끝까지 남아있을 사람아

언제나 당신만이 심장 안쪽에 남아있어요

# 밑창에 남은 발자국

보내고 싶지 않은 시간이 떠나간다

걸어 나오는 발걸음은 가볍다

마음이 무거운데
야속하게 발걸음은 가볍다

발자국 하나 남기지 말라는 뜻인가 보다

그렇지만 이렇게 너를 보낼 순 없다

나는 온 힘을 다해 발자국 하나 남기려 애를 쓴다

눈물이 번진 질퍽한 흙만이 묻어 나올 뿐
너에게선 자국 하나 살아지지 않는다

그래도 꾸욱 발을 누른다

너에게 남아 있지 못한다면
나에게 묻어 나올 수 있게

그렇게

신발 밑창에 흘러간 시간이 남았다

## 너의 귓속말


간지러운 말들이 귀로 전해진다
그저 말일뿐인데 왜인지 날개가 달린 것 같다
섬세한 깃털들이 서서히 나를 간지럽힌다

그것은 소문이지만 어쩐지 사실 같다
생생히 겪어보고 만져본 것 같은 기분만은
분명한 사실이다

감추지 못하는 들썩임이 산만하고 정신없다
하지만 멈출 수는 없다
속삭임이 내 귀를 벗어날 때까지는 참을 수가 없다

네가 나에게 속삭였을 때
그 순간부터 너는 나의 정신이었다

## 사랑의 뜀박질


반복되는 하루하루를 살아가다
잊고 있던 심장의 박동과 함께
너를 불러본다

그러면 꼭 의식해버린 이 심장의 뜀이
너 때문에 계속되는 것 같다

너를 떠올리지 않고서야 뛰지 못하는
고장 난 심장 같다

멈추지 못하는 심장과 함께 너를 떠올리니
심장이 뛰는 동안은 너를 생각해야 할 것만 같다

오늘도 심장이 뛴다
그동안만 너를 생각해야겠다

# 가을이 끝나갈 무렵에

떨어지는 낙엽을 셌어
들려오는 사람들의 목소리도 셌어
그중 가장 작은 목소리의
떨리는 호흡까지 셌어

세다가 잊어버려서
또다시 셌어

내가 이곳에 몇 번 왔는지도 셌어
내가 몇 번 웃었는지도 셌어
그중 흘려보낸 눈물이 몇 방울인지도 셌어

세다가 세다가
세기가 싫어졌어

멈추지 못하고 계속될 걸 알았거든
머리로 계산하지 못할 만큼
많은 수가 나올 걸 알았거든
난 머리가 나빠서 이 수들을
기억 못 할 걸 느꼈거든

그렇지만 다시 셌어

내가 셀 수 있는 단위에서 멈추기를 바라며
떨어지는 낙엽의 수를 셌어

# 젖은 마음에 덧칠을


좋은 작품을 그리기 위해
여러 색을 칠해 보았다

어떤 색은 조금 진해 물을 더해야 했고
어떤 색은 조금 연해 색을 섞어야 했다

그렇게 마음에 드는 색들로
내 세상을 칠해갔다

열심히 칠하다 보니
마음에 들지 않는 부분이 눈에 띄었다

다시 색을 칠하기 위해
먼저 붓을 내려놓고 뻐근한 몸을 창문에 기대었다

새로 칠할 색들을 상상하며
뻐근한 눈을 감고 영롱한 햇빛을 맞았다

덧칠하기 위해
마르기를 기다려야 했다

## 편지 비행

하고 싶은 말이 여행길을 누비고 있다

그곳에 다다르기 위해
온갖 미로를 건너고 피하고 뚫고 있다

망설이며 길을 돌아가기도 하고
간절히 되뇌며 힘껏 발을 굴리기도 하고

한 번 더 눈을 감았다 떴을 땐
그곳이 보이길 원하고 있다

소리를 지르면 들릴 위치인가

옷자락 날아가면 닿을 거리인가

비 내리면 젖을 장소인가

수천 번 물어보며 들리지 않는 답이
구름에 가로막혔나
나무에 걸렸나
해에 몸이 녹았나
걱정하고 있다

지금 하고 싶은 말이 비행을 하고 있다

# 세상을 갈라낸 반

세상을 갈라냈다

의미 없는 시가
분과 초를 찾지 못해
자신을 의심했다

자신의 반에 겁을 먹고
분열되었다 착각했다

고작 자신에게서 뒷걸음질 치는 동시에
닦달을 시작했다

자신을 밀어내며
나를 가져오라 소리쳤다

입을 가진 한쪽은 말을 쏟아냈고
마음을 가진 한쪽은
어둠을 덮었으며 듣지 않으려 애를 썼다

다시 시와 분과 초가 만났을 때

12시가 되던 때
세상은 비명을 질렀다

# 비단 리본

우린 연결되어 있어
네가 심장에 속삭이던 말

떨어지더라도 지나쳐 버리더라도
우린 서로의 박동을 알 수 있어
당연한 사실에 놀라지 말라며 머리를 쓰다듬던 손

많은 사람들과 뒤엉켜 버리면 어떡해?

나는 너의 말에도 불안을 재우지 못했다

잔뜩 꼬여버려 너에게 다가가지 못하면?

나의 맥박이 더욱 크게 너를 두드렸다

그렇지 않아
나의 손을 꽉 잡으며 너는 웃어 보였다

서로를 알아보지 못해 긴 길을 헤맨다 해도
우리는 분명히 만나

우리를 연결한 실이
꼬이고 꼬여 스쳐 지나가며
예쁜 리본이 되어 있을 때 우리는 만날 거야

# 새벽의 커피 레시피

새벽잠을 쫓아내기 위해 커피를 내렸다

생각을 놓고 곱게 갈았다
감정을 흩뿌려 물을 부었다

눈물을 넣으며 쓴 커피를 다독였다
불안을 띄우며 뜨거운 커피를 후 불었다

따뜻한 목 넘김에
턱 끝까지 차오른 말들이 녹아내렸다

내쉰 숨에
촉촉한 생각들이 연기로 피어올랐다

심장 가까이 커피잔을 가져가
공을 들여 얼어붙은 마음을 녹였다

맞잡은 손의 온기가
모든 세포들에게 전해지며
사랑을 좇는 힘이 내려왔다

# 맑은 옷의 그림자


항상 뒤에서 너를 응원하고 있다

너의 하루와 같은 색으로 차려입고
너의 무거운 등에 내 등 바치고 있다

맞댄 발의 무게를 느끼며
오늘 너의 기분을 느끼고 있다

눈 마주할 날 없는 신세이지만
모든 날이 너로 풍족했다

빛이 눈치 있게 너와 나를 만나게 해줄 때
나는 가장 밝은 얼굴로 너를 쳐다보았고

지금처럼 네가 직접 해를 만들 때엔
너에게서는 가장 찬란한 후광이 보였다

# 나의 마음은 지구를 두르지

너에게 한 뼘 더 다가가고 싶다
작은 아기 손만큼이라도
앙증맞은 고양이 손만큼이라도

너에게 한 발짝 더 다가가고 싶다
딱 너의 손뼘만큼이라도
딱 너의 머리 길이만큼이라도

너의 마음이 조금만 더 열렸으면 한다
저기 날아가는 풍선만큼이라도
발에 차이는 돌멩이만큼이라도

그렇게 너에게 한 걸음씩 다가가
우리가 마주 보았을 때
너도 내 마음과 같아졌으면 좋겠다

## 끝 시

보이지 않는 이름들이 심장에 달라붙어
숨을 쉬기 버겁게 만들 때엔

떠올리지 않으려 하는 상황들이
계속해서 하늘을 가리고 날아오를 때엔

유유히 사라지는 것들에 마음을 담아 보내라

흐르는 수돗물에
깨끗이 씻겨 나가는 잔해물에
떠오르는 엔딩 크레딧에
마지막 남은 종이 한 장에

보이지 않는 마음에 힘들 때
보였다 사라지는 것들에 한숨을 불어넣어라

아무것도 아닌 시 한 줄에
과하게 넘쳐흐르는 마음을 슬쩍 넣어서

# 설익은 낭만의 세 조각

발행일 2025년 5월 29일

1쇄 초판본 인쇄 2025년 5월 07일
1쇄 초판본 발행 2025년 5월 29일

지은이    유대협, 이채윤, 김서연
펴낸이    이종혁
펴낸 곳   일단
이메일    ildanbook@naver.com
출판등록 2022년 11월 1일 제2024-000020호

ISBN     979-11-992554-0-1(03810)

· 이 책은 저작권법에 따라 보호받는 저작물이므로 무단 전재와 복제를 금지하며, 이 책 내용의 전부 또는 일부를 이용하려면 반드시 저작권자와 '일단'의 서면 동의를 받아야 합니다.

· 잘못 인쇄된 책은 구매하신 서점에서 교환해드립니다.